기독교 개혁을 말하는 사람마다 "초대교회로 돌아가자"며 입을 모은다. 하지만 그때는 어땠느냐고 되물으면 문득 말문이 막힌다. 성경과 우리 사이에 놓인 시공의 간격을 뛰어넘기란 간단한 일이 아니다. 수전 하일렌의 《뵈뵈를 찾아서》가 반가운 건 그 때문이다. 탄탄한 신학적 근육으로 무장하고 '역사적 상상력'의 날개를 펼친다. 눈부시게 비상하여 우리를 1세기 로마 시대로 데려간다. 도대체 어떤 '일꾼'이기에 바울이 이토록 극찬하는가? 어느 정도 도움을 베풀어야 '보호자' 또는 '후견인'이라고 불릴까? 그렇게 도울 만한 '재산'은 어떻게 형성되었을까? 사실 '돈' 이야기는 대놓고 말하기가 불편한 주제다. 더욱이 여성과 돈 사이를 연결 짓는 작업은 흔치 않다. 고작해야 버지니아 울프의 《3기니》가 손에 꼽힐 것이다. 나는 이 책이 울프의 뒤를 잇는 역작이라고 믿는다. 수전 하일렌은 신약성경 곳곳에 흩어진 여성과 돈을 서로 이어서 새로운 그림을 내놓는다. "여성에게는 조국이 없다, 여성으로서 나의 조국은 전 세계다"라고 울부짖은 버지니아 울프의 말이 수전 하일렌의 손끝에서 이렇게 번역된다. "여성에게는 조국이 없다, 여성으로서 나의 조국은 하나님 나라다."

구미정, 이은교회

실시간으로 쓰이지 않았고, 모든 인물들의 언행을 담고 있지 않기에, 성경은 언제나 우리에게 상상력을 요청한다. 망상이 아니라 상상이다. 접힌 이야기를 펼치는 묵상의 과정이다. 성서학자인 수전 하일렌은 역사적 자료와 전문성을 기반으로 '근거 있는' 뵈뵈를 찾아내는 작업을 성공적으로 수행했다. 성경 속 단 두 줄이 살아 있는 선교적 사건이 되고 인물이 되어 우리에게 다가온다. 바울의 서신서를 읽으며 함께 읽으면 좋겠다.

백소영, 강남대학교

신약성경과 여성, 이 둘을 연계하는 고리는 과연 무엇일까? 저자 수전 하일렌은 상상력을 통해 독자 스스로가 신약성경과 여성을 연결할 수 있도록 성경해석학의 세계로 초대한다. 저자의 친절한 안내에 따라 독자는 고대 세계에서 출발하여 신약의 세계를 거쳐 현대의 세계를 자유롭게 여행하면서, 고대사회 여성의 삶과 현대사회 여성의 삶의 간극을 스스로 채워갈 수 있을 것이다. 이 과정을 통해 독자는 자신만의 뵈뵈를 찾아내어 자신의 삶의 정황 속에 투영할 수 있을 것이다.

임성욱, 연세대 신과대학및 연합신학대학원

신약성경의 여성에 대한 하일렌 박사의 접근은 역사적이고 해석학적이다. 신약성경의 배경이 되는 로마제국 지중해 사회의 여성들의 삶이 획일적으로 억압적이었을 것이라고 보는 일반적인 추측과 달리, 저자는 먼저 흥미로운 역사적 증거들을 제시하면서 당시 엘리트 여성들이 상당한 정도의 주체성, 법적 권리, 경제적 능력을 가졌고, 중요한 사회 정치적 활동에도 참여했음을 보여 준다. 당시 여성이 처했던 역사적 정황을 정확히 이해함으로써, 독자들은 성경 본문에서 주변화되거나 삭제된 여성 리더들의 존재와 목소리들, 그로 인한 틈새들을 역사적 상상력으로 채우면서 초기 기독교 여성들의 실제 모습을 보다 잘 이해할 수 있게 될 것이다. 마지막으로, 저자의 안내를 따라 신약성경의 다양한 본문을 스스로 해석하면서, 독자들은 자신의 교회 공동체 안에서 뵈뵈와 같은 여성 리더들을 찾고, 그들의 공헌을 인정하며, 나아가 그러한 리더로 당당히 서도록 힘을 얻게 될 것이다. 한국의 많은 교회들이 이 책을 가지고 진지하게 공부하기를, 그래서 여성의 리더십을 제도적으로, 실제적으로 인정하는 성경적이고 상식적인 변화들이 나타나게 되기를 소망한다.

최진영, 콜게이트 로체스터 크로저 신학교

"이해하기 쉽고 흥미진진한, 교육자들이 고대해 온 책이다. 하일렌은 신약성경의 중요한 부분을 포함한 역사적 문헌들을 상상력을 가지고 면밀하게 읽어 나가며 고대 여성을 인격적 존재로 만든다. 그는 이 방법을 먼저 보여 주고, 이어서 학생들이 그 방법을 스스로 사용할 수 있도록 필요한 자료들을 제공해 준다.《뵈뵈를 찾아서》는 '여성은 할 수 있는 일이 많이 없었다'는 가정에 도전함으로써, 당대부터 오늘에 이르기까지 사회와 교회에서 여성을 둘러싸고 벌어지는 진부한 논쟁을 해소할 잠재력을 가진 책이다."

에이미 필러, 휘튼 칼리지

"고대 지중해 세계의 여성을 수동적이고 무력한 존재로 보는 고정관념을 수정해 주는 반가운 책이다. 이 책은 주변 세계와 신약성경을 읽던 사람들 사이에서 사회적 권력을 가졌던 여성 지도자들에 대해 우리가 알고 있는 바를 이해하기 쉽게 묘사해 준다. 그리고 비문과 고대 문헌에 나오는 여러 실제 사례를 바탕으로 친숙한 성경 본문들을 적절한 맥락 안에 배치하고, 신약 세계 여성들에 관한 상충하는 이미지와 상반되어 보이는 증거들을 다룬다."

캐롤린 오시크, 브라이트 신학교

"어떤 사람들에게는 로마서 16:1-2에서 바울이 칭찬한 뵈뵈가 갑자기 불쑥 튀어나온 존재로 보일 수 있다. 그러나 좀 더 철저히 조사해 보면, 그는 (로마서 16장이든 다른 바울 서신이든 신약성경과 그 매혹적인 세계 안에서든) 결코 유일무이한 여성이 아니었음이 드러난다. 유익하고 통찰력 있고 혁신적이고 상호적인 책《뵈뵈를 찾아서》를 통해, 저자는 뵈뵈를 비롯한 당대의 비슷한 여성들이 살고 행동하고 존재했던 복잡하고 다채로운 사회역사적 배경을 탐구함으로써 비전문가들이 이 여성들을 더 온전하게 이해하도록 돕는다.…이 책은 신약성경과 그 주변 환경, 특히 바울과 그의 서신에서 여성이 인식되는 방식을 알려 주며, 어쩌면 당신의 생각을 완전히 바꿔 놓을지도 모른다."

토드 스틸, 베일러 대학교

"이 책을 읽는 당신은 그동안 지니고 있었던 기본 가정에 의문을 제기할 준비를 해야 할 것이다! 이 즐겁고도 흥미로운 책에서 하일렌은 신약성경의 여성들에 대해 그동안 우리가 간직해 온(그러나 시대에 뒤떨어지거나 오도된) 확신을 재고하기 위해 새롭고 오래된 증거를 모두 살펴보는 적극적인 학습 여정으로 우리를 안내한다.··· 사실을 과장하지도 과소평가하지도 않는 신중하고 예리하고 논리적인 신약학자인 하일렌은, 이 책을 통해 가르치는 역량 또한 보여 준다. 각 장은 뵈뵈에 대한 몇 가지 주목할 만한 측면으로 시작하여, (가상의 로마인 가족을 통해 주요 개념을 구체적으로 그리면서) 1세기 세계의 실제 삶을 상상하게 한다. 그리고 논의한 내용을 신약 본문을 중심으로 한 연습 문제에 적용한다(즉 숙제가 있다는 말이지만, 이것이 가장 멋진 부분이다!). 하일렌은 독자들, 특히 신약을 성경으로 여기는 우리가 어떤 질문을 품고 있는지를 잘 안다.··· 나는 이 책을 개인적으로 공부하려는 이들과 그룹 스터디를 원하는 이들 모두에게 추천한다. 개인적으로 나는 너무도 흥미로운 나머지 이 책을 앉은자리에서 한 번에 다 읽었다. 각 장이 다음 장을 바로 읽고 싶도록 만들기에 딱 적당한 분량이었기 때문이다!"

제이미 클라크-솔즈, 남감리교 대학교

"로마서 16장에 이름이 등장하는 뵈뵈를 바울이 존경하고 칭송했다는 것은 분명한 사실이다. 하지만 그를 묘사하는 짧은 두 구절만 가지고 이 여성에 대해 무엇을 말할 수 있을까? 하일렌의《뵈뵈를 찾아서》는 후견인, 후원자, 재산 소유자, 산업 노동자, 왕성하게 사회에 참여하고 권력을 행사한 여성들에 관한 풍부한 역사적 사례를 읽기 쉽게 기술한다. 1차 자료를 바탕으로 세심하게 만들어진 연구 질문들은 학생들로 하여금 고대 여성이 담당한 다양한 역할을 발견하게 하는 좋은 방법이 된다. 책의 끝부분에 이르면, 독자들은 뵈뵈가 누구였고 바울의 선교에서 어떤 협력적 역할을 수행했는지에 대해 훨씬 상세한 이해를 얻게 될 것이다."

조슈아 W. 지프, 트리니티 복음주의 신학교

뷔뷔를
찾아서

FINDING PHOEBE
by Susan E. Hylen

FINDING
PHOEBE

뵈뵈를
찾아서

우리가
알지 못했던
신약성경의
여성들

수전 E. 하일렌 | 이길하 · 이현주 옮김 | 정동현 감수

비아
토르
viator

일러두기

1. 이 책에 인용된 성경 본문의 번역은 개역개정을, 외경은 공동번역을 사용했다.
2. 고대 인명과 지명은 해당 언어의 발음에 가깝게 음역했다(예: Plutarch, 플루타르코스).
   단, 성경에 나오는 인명과 지명의 경우 독자에게 익숙한 것을 사용했다(예: Phoebe, 뵈뵈).
3. 원서에서 사용된 civic이라는 단어는 문맥에 따라 '도시사회의', '도시를 위한', '시민들의',
   '사회적'으로 번역했으며, 저자의 의도를 존중하여 '공적'이라는 번역은 피했다.
4. 본문에 사용된 이미지는 저자의 리서치 펀드 지원을 받아 사용 허락을 받았다.

젠에게

차례

한국어판 서문

이 책이 한국어로 번역될 기회를 얻게 되어 매우 감사하다. 나는 2018년 한신교회에서 주최한 한신 신학심포지엄에 주 강사로 초대되어 한국을 방문했고, 이 책의 몇몇 부분은 그때 했던 강의를 기반으로 하고 있다.

내가 한국을 방문할 수 있도록 초대해 주신 강용규 목사님, 그리고 미국에서 직접 만나면서 심포지엄과 관련해 의사소통을 담당했던 박찬석 박사님께 깊이 감사드린다. 나는 한국 방문의 기회를 통해 많은 것을 배우고 귀한 만남을 가졌으며, 한국의 음식과 문화를 통해 즐거운 시간을 보냈다. 강용규 목사님을 비롯한 한신교회 여러 목회자들, 그리고 심포지엄 기간에 시간을 들여 헌신한 많은 자원봉사자들이 나를 따뜻하게 맞아 주고 돌보아 주셨다. 그분들의 신실한 증언과 넉넉한 마음씨에 깊은 감명을 받았다.

한국 방문 이후 가장 오랫동안 인상 깊게 남아 있었던 부분은 강의가 끝나고 함께 대화를 나누거나 영어로 쪽지를 남겨 준 심포지엄 참가자들이었다. 그 가운데 몇몇 분은 여성으로서 사역하며 분투해 온 이야기를 들려주었고, 내 연구가 자신에게 어떤 영향력을 끼쳤는지를 나누어 주었다. 이들과의 만남으로 나는 마음이 뭉클해졌고, 나아가 내 학문적 성과가 한국에서 더 폭넓은 독자층에 전달되었으면 하는 소원이 생겼다. 아무쪼록 이 책이 성경에 관해, 그리고 성경의 맥락에서 본 여성의 리더십에 관해 이루어지는 풍부하고 신실한 대화들에 기여할 수 있기를 소망한다.

책이 한국어로 출판되도록 비아토르 출판사에 다리를 놓아주고 번역 프로젝트를 진행해 준 정동현 박사님께 감사드린다. 그의 조력에 따라 이현주 박사님과 이길하 목사님이 책을 번역했고, 내 연구조교인 윤결 전도사님이 능숙한 도움을 제공해 주었다. 그들의 노력에 감사한다. 에모리 대학교의 재학생과 졸업생이 내 책을 번역해 준 것은 나에게 더없는 영광이다.

수전 E. 하일렌

감사의 글

책을 쓰는 과정에 도움을 주신 많은 분께 감사드린다. 집필 첫 단계는 캔들러 신학대학원에서 허락받은 안식년과, 미시간 주 그랜드 래피즈의 칼뱅기독교예배연구소(Calvin Institute of Christian Worship)가 릴리재단의 기금으로 제공해 준 강의자-학자 지원금 덕분에 가능했다. 집필 마지막 단계와 검토는 집필 완료 지원금을 추가로 제공해 준 캔들러 신학대학원의 도움을 받았다. 캔들러 신학대학원의 학장님들과 칼뱅연구소의 너그러운 지원에 감사드린다.

더 폭넓은 독자들에게 도움이 되는 책을 쓰도록 도움을 준 많은 조력자들이 있다. 에이프릴 맥기, 킴버 와이즈먼, 앰버 바이어스는 이 책의 초고를 읽어 주었다. 또 대니얼 베스탈, 아이크 리서, 팸 퍼소, 던 맥러클린, 로샤나 버틀러, 엘리자베스 로저스와는 교회 현장에서 사역하는 여성들의 경험에 대한 대화를 나누었다. 기꺼이 시간을 내어 자신들의 지혜를 나누어 준 그들에게 감사를 전한다. 마곳 스타벅과 울리케 거스리는 편집 과정에서 도움을 주며 귀중한 조언을 해 주었고, 앤 리처드슨은 책 표지를 위한 좋은 아이디어들을 많이 내주었다.

이 짧은 책을 내기 위해 긴 시간 동안 생각하고 글을 써야 했던 나를 지탱해 준 많은 관계들이 있다. 나는 코로나 팬데믹이 우리의 안식년을 어지럽히기 전에 베스 코리와 앨리슨 그린과 함께 자주 점심 식사를 했다. 학문하는 분주한 세계 안에서도 동료 관계의 유대를 위해 시간을 내주었던 그들에게(그리고 젠 에어스, 엘런 오트마셜, 아룬 존스에게도) 감사의 인사를 전한다.

우리 가족은 내가 매일 글 쓰는 과업을 지속할 수 있게 해 주었다. 테드 스미스는 주변의 모든 이들이 자신이 가능하게 여기는 것보다 더 잘할 수 있도록 어떤 식으로든 영감을 불어넣는 사람이다. 그가 모든 일에서 나의 동반자이자 믿음직한 친구가 되어 주어 감사하다. 우리 두 아들 베넷과 토비아스는 내게 안정감을 주고, 내가 하는 모든 일에 의미를 더해 준다.

내가 아는 최고의 목회자였던 제니퍼 웩터-맥넬리를 기념하며, 그에게 이 책을 헌정한다. 제니퍼의 창의성, 목회를 향한 헌신, 철저한 인내심은 언제나 영감을 주고 나를 격려했다. 내가 그의 친구들 중 하나였음에 감사한다.

서론

로마서 끝부분의 감질나는 두 절은 초기 교회에서 여성이 맡은 역할에 대해 수많은 질문을 불러일으킨다. 그 구절에서 바울은 이렇게 쓴다. "내가 겐그레아 교회의 일꾼으로 있는 우리 자매 뵈뵈를 너희에게 추천하노니, 너희는 주 안에서 성도들의 합당한 예절로 그를 영접하고 무엇이든지 그에게 소용되는 바를 도와줄지니 이는 그가 여러 사람과 나의 보호자가 되었음이라"(롬 16:1-2). 바울은 뵈뵈를 '자매', '집사'(deacon), '후원자'(benefactor)라고 부르며(이것은 NIV의 번역 용어이며, 개역개정은 집사를 '일꾼'으로, 후원자를 '보호자'로 번역한다—옮긴이) 로마 교회에 추천한다.

뵈뵈는 누구였고 어떤 일을 했을까? 집사나 후원자에게는 어떤 책임이 따랐을까? 그는 분명 겐그레아(그리스의 고린도 근방)에서 로마까지 먼 거리를 여행해야 했을 것이다. 또한 바울이 자신의 편지에 직접 언급할 만큼 충분히 중요한 인물이었을 것이다. 그러나 뵈뵈를 언급하는 것은 오직 이 두 구절뿐이다. 속했던 교회에서, 그리고 로마로 여행하는 동안 그는 어떤 역할을 감당했을까? 뵈뵈에 대해 더 알아가는 일은 꽤 흥미롭지 않을까?

뵈뵈가 교회에서 맡았던 역할에 대해서는 해석자들마다 의견이 다르다. 어떤 이들은 그가 초기 교회의 지도자였다고 말한다. 즉 안수받은 집사이자 바울을 비롯한 교회의 여러 사람들의 후견인(patron)으로 보는 입장이다. 또 어떤 이들은 그가 단지 일상에서 바울을 돕는 역할을 했을 뿐이라고 주장한다. 조력자의 역할을 했지만 복음을 전하는 사역자는 아니었다는 것이다.

뵈뵈에 대한 이런 주장들은, 신약성경에 나타난 여성의 역할을 이해하는 문제를 두고 오늘날 그리스도인들 사이에 벌어지는 한층 큰 논쟁을 반영한다. 바울은 뵈뵈를 언급한 후 브리스가, 마리아, 유니아 같은 여성들도 언급한다(롬 16:3-4, 6-7). 바울이 그들을 다양한 방식으로 묘사하기는 하지만, 그들 모두 복음을 전파하는 데 일정한 역할을 하고 있었던 것으로 보인다. 여성들은 또한 복음서와 사도행전에서도 다양한 역할을 수행하고 있다. 그러나 마치 이를 부정하려는 듯이 몇몇 본문들은 여자에게 잠잠하라거나 남자에게 복종하라고 지시한다. 뵈뵈의 경우와 마찬가지로, 이 각각의 본문들에 대해서도 다양한 해석이 존재한다.

그런데 이런 본문들이 오늘날 교회 내 여성 리더십에 대한 찬반 논쟁에서 중요한 역할을 하고 있다. 그리고 그리스도인들은 답을 얻기 위해 성경과 이 본문들에 의지한다. 예수님이 사셨던 시대 혹은 바울 시대 여성들이 과연 오늘날 우리가 사역자에게 부여하는 역할을 담당했는지, 또는 여성들이 교회 내의 직책들을 맡았는지 질문한다. 그들은 하나님이 인간의 성별 차이를 어떻게 보시는지에 대한 단서를 구한다.

그렇다면 우리는 어떻게 판단을 내릴까? 예를 들어, 우리는 뵈뵈에 관한 구절들을 해석할 때 본문의 의미에 대해 매우 많은 판단을 내린다. 흔히 자신이 그렇게 하고 있다는 사실을 깨닫지도 못한 채 말이다. 우리는 바울이 뵈뵈를 '집사'와 '후원자'로 불렀다는 사실이 의미하는 바를 판단한다. 우리는 뵈뵈를 "영접하고 무엇이든지 그에게 소용되는 바를 도와"주라는 말이 로마 교인들에게 어떤 의미였을지 생각한다. 우리는 이러한 구절들이 기록된 서신의 문맥을 고려하기도 하고, 고대의 맥락이 무엇이었을지 궁금해하기도 한다. 예를 들어 '여기서 바울의 말은 고대에 편지를 쓸 때 정형화된 관행인가?'라고 질문하는 것이다. 이 모든 것은 뵈뵈를 이해하는 데 도움이 될 수 있다.

신약성경을 읽을 때, 우리는 고대 독자들이 이해한 방식으로 이 책을 이해하기 위해 종종 그들이 가졌던 지식의 일부를 재현하려고 노력한다. 물론 신약성경은 오늘날 우리에게도 여전히 메시지를 던지는 성서지만, 그 의미를 이해하기 위해서는 종종 1세기의 역사적 맥락 연구가 필요하다. 아마도 바울이 쓴 편지의 일차 수신자는 뵈뵈를 '추천한다'는 말의 의미를 잘 이해했을 것이다. 그들은 바울의 말을 이해하기 위해 공유된 문화적 지식을 이용했다. 그리고 당시의 '집사'가 무엇이고 '후원자'가 무슨 일을 하는지도 알고 있었다. 그들은 여행자를 새로운 도시에 소개하는 관행에 대해서도 알고 있었고, 여성이 교회에서든 사회의 다른 어느 곳에서든 지도자 역할을 맡는 것이 일반적인지 그렇지 않은지도 알고 있었다. 바울의 최초 독자들은 이 모든 정보를 가지고 편지를 읽었다. 우리는 단지 그들이 알던 것들 중 일부를 재현하기 위해 노력할 수 있을 뿐이다.

"기본적인 생각은 여성이 할 수 있는 일이 그리 많지 않았다는 것이다."

오늘날 해석자들은 신약 시대 여성의 삶에 대해 일반적으로 공유하는 그림이 있고, 그것을 바탕으로 이런 본문들을 해석한다. 기본적인 생각은 여성이 할 수 있는 일이 그리 많지 않았다는 것이다. 여성은 남성에게 종속되어 있었고 실질적 권한을 행사할 수 없었다. 그들은 재산을 소유하거나 시민 생활에 유의미한 방식으로 참여할 수 없었고, 교육받지 못했다. 몇몇 해석자들은 일부 여성들이 이와 상반되는 모습을 보였다고 언급하지만, 그러한 모습이 일반적이지 않거나 새로운 것이었다는 점에 대체로 동의한다. 일부 여성(주로 엘리트 계층)이 가진 사회적 조건이 권력 행사의 기회를 만들기도 했지만, 그것은 관례적이지 않았고 종종 비판을 불러일으켰다.

나의 신약 역사 연구는 여성에 대한 이런 많은 가정들과 충돌한다. 나는 독자들을 위해 여성의 삶과 역할과 능력에 대한 보다 정확한 그림을 그려 나갈 것이며, 내 그림의 주요한 차이점은 다음과 같다.

▸ 여성은 재산을 소유했고 자기 일에 권한을 행사했다.

▸ 재산을 소유한 다른 이들과 마찬가지로, 여성은 시민적·종
교적 목적으로 후원하기 위해 자신의 부와 사회적 영향력
을 사용하여 후견인 역할을 했다.

▸ 비록 문화적으로 여성이 남성보다 열등하게 여겨진 것은 사
실이지만, 그럼에도 불구하고 여성들은 지도자 역할을 포함
한 지역사회의 삶에 참여했다. 당시 사람들은 이를 모순으
로 여기지 않았으며, 사실 긴장은 사회 구조의 일부였다.

만약 이러한 정보가 신약성경을 이해하는 데 도움이 되리라
여겨진다면, 이것은 바로 당신을 위한 책이다.

역사적 정보가 더 많다고 해서 우리가 가진 모든 질문에 답을
얻을 수 없고, 성경 구절을 해석할 때 겪는 어려움이 완전히 해결
되지도 않는다. 우리는 뵈뵈가 로마를 방문했을 때 무엇을 했을지,
얼마나 오래 그곳에 머물렀을지 알 수 없다. 그가 결혼했는지, 아
니면 생계를 위해 어떤 일을 했는지도 알 수 없다. 뵈뵈와 같은 여
성 개개인에 대해 알 수 있는 것에는 한계가 있다.

역사 속 여성들에 대한 새로운 관점이 여성을 언급하는 신약
본문의 해석 방식에 대한 광범위한 합의를 도출하지는 않을 것이
며, 오늘날 교회에서 여성이 감당해야 하는 역할에 대해서는 말할
것도 없다. 어쨌거나 지금까지 우리는 고대 여성의 삶이 매우 제한
적이라는 데 동의해 왔지만, 그것이 특정 구절이나 여성 리더십에
대한 질문들에 대해 광범위한 합의를 도출하지는 못했으니 말이

다. 새롭게 발견한 역사가 이 문제에 대한 다양한 의견들에 변화를
줄 가능성은 없는 것 같다. 그러나 신약성경을 읽는 많은 독자들이
고대의 맥락을 이해하기 원하기 때문에, 가능한 한 최신의 역사적
증거들을 고찰하는 것이 적절해 보인다.

> "새롭게 발견한 역사가
> 이 문제에 대한 다양한
> 의견들에 변화를 줄 가능성은
> 없는 것 같다."

이 책은 이러한 질문들에 관심이
있는 사람들을 위해 이해하기 쉬운 방
식으로 증거들을 제시할 것이다. 만약
더 깊이 있는 역사를 알고 싶다면, 내
가 대학생이나 신학생 독자들을 대상
으로 저술한 보다 상세한 책 《신약 세
계의 여성들》(Women in the New Testament World, Oxford University Press,
2018)을 참고하기 바란다. 그러나 교실 밖의 많은 사람들도 이 주
제에 관심을 가지고 있으며, 이 책은 이 주제에 관심이 있는 모든
사람을 위한 책이다. 이 책은 먼저 고대의 증거들을 제시한 후, 그
역사적 맥락에 비추어 신약 본문들을 고찰하도록 초대한다. 그리
고 나는 여기서 증거들을 총망라하기보다 대표적인 것들만 제공
했다.

각 장은 신약 시대 여성들의 삶의 측면을 한 가지씩 다룬다.
우리의 관심사에 적절한 방식으로 초점을 좁히기 위해, 기원전 1
세기부터 기원후 2세기까지의 증거만을 다룰 것이다. 1부에서는
부의 패턴과 재산권과 관련된 법적 규범들을 탐구한다. 2부에서
는 사회적 영향력과 지위에 대해 논의한다. 3부에서는 여성에게
기대되었던 전통적 덕목에 대해 다룬다. 현대 독자들에게는 정숙

과 같은 전통적 덕목들이 1부와 2부에서 살펴본 여성의 행동 양식과 상충하는 것으로 보일 수 있으므로, 고대인들이 어떻게 그것들을 서로 양립하는 것으로 이해할 수 있었는지 설명한다. 4부에서는 여성의 말과 사회적으로 기대된 침묵을 다룬다. 결론부는 다루었던 내용의 조각들을 통합하고, 그것이 독자 자신에게 어떤 중요성을 지니는지 생각해 볼 수 있도록 돕는다.

각 장은 그 장에서 살펴본 주제와 관련해 고찰해 볼 만한 신약 본문으로 마무리된다. 예시로 한두 구절을 다루면서 '답변'을 제시하지 않는 의도는, 독자인 당신이 역사적 배경에 대해 생각해 본 후 스스로 신약성경을 해석할 수 있도록 돕는 것이다. 각 지시문은 당신이 직접 당시의 문화적 기대에 따라 형성된 고대 독자가 되어 본문에 대해 생각해 볼 수 있도록 고안된 것이다. 모든 장이 사회적 배경을 설명해 줄 것이며, 당신이 해야 할 일은 스스로를 그러한 관습에 따라 형성된 독자라고 상상하는 것이다.

고대 여성의 삶 상상하기

고대의 성경 독자들이 지녔던 관점을 이해하기란 쉬운 일이 아니다. 한 가지 이유는, 이토록 오랜 세월이 지난 후에도 참조할 수 있는 증거들이 여전히 많이 남아 있고, 그 종류도 문학 작품, 비문, 영수증처럼 일상적인 내용이 적힌 종이 등 매우 다양하기 때문이다. 각각의 증거는 고대의 삶에 대한 서로 다른 유형의 정보를 제공한다. 이 모든 증거가 있음에도 우리가 가진 그림은 여전히 파편적이며, 따라서 우리는 이 모든 다양한 출처의 증거들을 종합해야 한다.

고대의 관점을 이해하기가 어려운 또 다른 이유는, 우리가 현대의 관점에 너무 깊이 파묻혀 있기 때문이다. 사람들은 대부분 고대 여성들의 삶에 대한 나름의 생각을 가지고 있다. 그런데 그 생각이 옳다고 지나치게 확신하면서 종종 그와 반대되는 생각을 지지하는 증거를 놓치고 만다. 왜냐하면 그런 증거는 존재하지 않는다는 확신에 이미 사로잡혀 있기 때문이다. 따라서 모든 증거들을 충분히 숙고하기 위해, 우리는 여성들이 무엇을 했고 무엇을 하지 않았는지에 대한 모든 가정을 제쳐 둘 수 있도록 노력해야 한다.

"역사는 상상력을 발휘할 것을 요구한다."

역사는 상상력을 발휘할 것을 요구한다. 만약 당신이 주로 이름과 날짜를 암기하는 방식으로 역사를 배웠다면 이 말이 의아하게 들릴 것이다. 그러나 역사적으로 생각한다는 것은 우리와 매우 다른 문화(그리고 시간과 장소)에서의 삶이 어떠했을지 상상하려고 노력하는 것이다. 우리의 과제는 단순히 일반적 의미에서 열린 마음을 갖는 것이 아니라, 가진 증거에 기초하여 고대인들이 삶을 영위한 방식을 상상하려고 노력하는 것이다.

고대 여성에 대해 새로운 방식으로 생각하려면, 그동안 고대 세계 여성에 대해 알고 있던 모든 것(혹은 알고 있다고 생각했거나 들어온 것들)을 잊고자 하는 노력이 필요하다. 그리고 다음에 제시할 증거인 1세기 카르티마(로마 시대 스페인의 도시)의 비문에 대해 숙고해 보라. 이 한 편의 글에서 우리는 고대 여성에 관한 어떤 결론을 도출할 수 있을까?

> 데키무스의 딸이자 카르티마 시의 으뜸가는 종신 여사제인 유니아 루스티카는 노후화되어 낡은 공공 주랑을 복원하고, 목욕탕을 위한 땅을 기부하고, 공공세를 변제하고, 광장에 마르스 청동상을 세웠으며, 자기 토지에 소재한 목욕탕 옆에 수영장과 큐피드 동상과 함께 주랑을 자비로 제공하고, 연회와 대중 공연을 베푼 후 이를 헌정했다. 그는 비용을 지불한 후 자신과 아들 가이우스 파비우스 유니아누스를 위해 카르티마 공의회에서 법령으로 정한 조각상을 만들어 헌정하고, 마찬가지로 남편 가이우스 파비우스 파비아누스를 위한 조각상도 자비로 만들어 헌정했다.[1]

이제 다음에 대해 생각해 보라.

1. 유니아의 행동, 즉 그가 한 일을 기록한 능동형 동사를 모두 나열하라(첫 두 개의 동사는 예시로 제공한 것이다).

   '복원하다'
   '기부하다'

2. 비문에서 유니아가 부를 소유하고 있음을 나타내는 구절을 나열하라.

3. 비문에서 유니아의 사회적 참여를 암시하는 구절을 나열하라.

4. 만약 이 글에서 어떤 놀라운 점이나 고대 여성에 대한 기존 생각과 상충하는 점을 발견했다면 무엇인지, 그리고 이전에 가지고 있던 생각은 무엇인지 말해 보라. 그렇게 함으로써, 앞으로 더 많은 증거를 접할 때 그 생각들을 점검할 수 있을 것이다. (하나의 증거를 바탕으로 어떤 역사적 결론을 도출하려는 것이 아니라, 단지 상상력을 발휘하기 위한 연습일 뿐이다!) 나는 책의 마지막 부분에서, 당신의 질문에 답이 될 수 있는 또 다른 내용을 발견했는지 확인할 수 있도록 이 부분을 상기시켜 줄 것이다.

* * *

만약 유니아 루스티카를 기념하는 비문이 이런 종류의 유일무이한 비문이라면, 이 연습은 그리 도움이 되지 않을 것이다. 그러나 이것은 결코 유일한 비문이 아니다. 서기 1세기와 2세기에는 유니아 루스티카 같은 여성들이 많았다는 사실이 드러나고 있다. 앞으로 구체적인 예를 몇 가지 더 제시하겠지만, 실제로는 이보다 더 많은 예가 있다. 유사한 비문에서 남성이 여성보다 더 자주 등장하는 것은 사실이지만, 충분히 많은 여성들이 있어서 우리는 이 증거들을 고찰하고 이를 가능하게 한 사회적·법적 구조에 대해서도 생각해 보아야 한다. 이어지는 장들에서는 이 시기의 여성들이 유니아 루스티카와 같은 일을 할 수 있었던 몇 가지 이유를 설명한다. 그 증거들 중 일부는 지난 2천 년 동안 존재했음에도 학자들이 최근에 와서야 우리가 이 증거들을 살펴볼 수 있도록 제공해 주었다는 점에서 '새로운' 것이다. 이제 더 많은 증거 활용이 가능해졌으므로, 우리는 과거에 도출했던 결론들 중 일부를 재고해야만 한다. 증거를 살피다 보면 뵈뵈가 어떤 사람이었을지 이해할 수 있을 것이다.

이 책의 활용법

첫째, 연구 질문에 대한 답을 실제로 적어 보라! 질문들은 각 장에서 접하는 정보를 처리하는 데 도움이 되도록 고안되었다. 답변을 적는 것은 증거를 충분히 연구하고 복잡한 주제에 대한 생각을 명확히 표현하는 데 도움이 된다. 연구를 해 나가면서 당신은 흥미로운 통찰을 얻을 수도 있고, 기록은 그것들을 잊지 않게 해 준다. 그리고 마지막에 이르면 이전 장에서 공부한 것들을 다시 돌아보고 싶어질 수도 있다. (책에 기록하고 싶지 않다면 공책을 사용할 수도 있다.)

둘째, 여성의 행동에 관한 이 연구의 함의를 자신의 교회 사람들과 즉각적으로 나누고 싶은 마음을 자제하기가 어려울 수 있고, 나는 그것을 충분히 이해한다. 하지만 성경 자료의 다양한 측면을 모두 고려할 수 있도록, 마지막까지 확고한 결론은 유보하는 것이 좋다. 다시 말하지만, 연구를 진행하면서 관찰한 내용을 기록하는 것이 좋다. 생각해야 할 것이 너무 많고, 많은 그리스도인이 오늘날의 관행에 대한 시사점을 얻게 될 것이다. 마지막 장은 고대 세계에 대한 지식을 각자의 교회 상황에 적용하는 데 도움을 주기 위해 구성되었다.

그룹 스터디를 위해 이 책을 사용하는 독자들에게

첫째, 구성원들이 연구 질문에 대한 답을 적도록 권면하라.

둘째, 본문에서 자신의 결론을 도출하게 만든 표현이 무엇인지 서로 질문해 줌으로써, 성경을 더 잘 읽을 수 있도록 도울 수 있다. 내가 예를 제시하면서 신약성경의 구절을 인용한 것도 바로 이러한 목적 때문이다. 본문의 언어에 충실하면 자신이 어떻게 특정한 이해에 도달했는지 알 수 있으며, 더 깊은 수준의 토론으로 나아가는 데 도움이 된다.

셋째, 성경 본문의 해석 방식을 놓고 서로 견해가 다를 수 있다는 점에 마음을 열어 두라. 이것은 어떤 상황에서는 위협적으로

다가올 수도 있지만, 성실한 독자들이 서로 다른 의견을 갖는 것은 전적으로 가능한 일이다. 신약성경의 첫 독자들 또한 매우 다양한 사람들의 집단이었을 뿐 아니라, 성경을 해석하는 방식에 대해서도 의견이 엇갈렸다. 만약 구성원들이 어떻게 서로 다른 결론에 도달했는지를 알 수 있다면 서로에 대해, 그리고 해석하는 본문에 대해 많은 것을 배우게 될 것이다.

부와
재산

1

1. 재산 소유

뵈뵈는 어떤 사람이었을까? 바울의 편지를 받은 로마 교회는 뵈뵈를 직접 만났기 때문에 우리보다 더 많은 단서가 있었을 것이다. 다른 로마 사람들의 경우, 불과 몇 주 혹은 몇 달이라도 지나고 나면 뵈뵈가 누구인지 알기 힘들었겠지만, 그들의 문화 속에서 일이 돌아가는 방식에 대한 지식을 기반으로 꽤 괜찮은 추측을 했을 것이다.

이 장에서는 당시 여성의 재산 소유권을 형성했던 법적·사회적 관행에 대해 설명한다. 뵈뵈가 부자였는지 가난했는지, 누가 그의 여행 경비를 지불했는지 우리는 결코 알 수 없겠지만, 그가 살았던 시대에 무엇이 일반적이었는지에 대해서는 알 수 있다. 그리고 그것이 뵈뵈가 어떤 사람이었는지 폭넓게 이해하는 데 도움이 될 수 있을 뿐만 아니라, 신약 시대 다른 여성들에 대한 정보를 이해하는 역량을 길러 줄 수 있다.

　여성이 재산을 소유하는 것은 로마 시대에 꽤 흔한 일이었다. 사실 여성은 로마제국 지중해 지역의 전체 재산 중 약 3분의 1을 소유했다. (이것은 실제로 오늘날 전 세계적으로 여성이 소유하고 있는 부의 비율과 거의 같다.) 소유권과 관련해서 여성은 남성과 동등하지는 않지만 상당히 많은 양을 소유하고 있었다. 여성의 재산 소유는 그리 놀라운 일이 아니라 당시의 문화적 지형에서 예상되는 일반적 현상이었다.

> "여성은 로마제국 지중해 지역의 전체 재산 중 약 3분의 1을 소유했다."

　1세기 당시의 법적·사회적 규범은 여성의 재산 소유를 지지했다. 이러한 규범들 중 일부는 우리가 종종 고대 세계에 관하여 들어 오던 것과 상충한다. 예를 들어, 오늘날의 많은 그리스도인은 당시 여성들이 결혼 전까지는 아버지의 법적인 통제 아래에 있다가 결혼 후에는 남편의 법적 권한 아래 놓였다고 생각한다. 이는 신약 시대 여성의 법적 지위에 대한 잘못된 생각이다.

　문화적 차이를 좀 더 잘 이해하기 위해, 법률 기록에서 얻은 정보와 실제 경제적·사회적 양식이 제시하는 증거를 바탕으로 한 부유한 가정의 삶을 상상해 보자. 우리는 어머니와 아버지를 각각 파울라와 마르쿠스라고 부를 것이다. 그들에게는 네 명의 자녀가 있었지만, 그중 둘이 세상을 떠나 딸 마르켈라와 아들 파비우스만 남았다고 가정해 보자.

　로마법에 따르면, 마르켈라와 파비우스 모두 아버지 마르쿠스가 살아 있는 동안 그의 법적 권한 아래에 있었다. 마르쿠스가 가진 권한은 그가 사망할 때까지 자기 재산을 **비롯하여** 자녀들의 재산까지 엄밀히 소유함을 의미했다. 심지어 자녀들이 성년이 되거나 결혼을 해서 다른 곳으로 이사를 한다 해도 말이다. 이상하지 않은가?

마르쿠스는 쉰 살까지 살았다. 그가 죽었을 때 마르켈라는 스물네 살이었고 파비우스는 스물두 살이었다. 그 시점에 이들은 아버지의 재산을 상속받아 법적으로 독립하게 되었다. 따라서 이제 마르켈라와 파비우스는 마르쿠스로부터 상속받은 재산의 단독 소유주다.

법과 관습 모두 아버지가 재산을 자녀들에게 대략적으로 비슷한 비율로 증여해야 한다는 데 동의했다. 배우자도 상대의 재산 일부를 상속받을 수 있었지만 대부분은 자녀에게 돌아갔고, 따라서 마르켈라와 파비우스가 마르쿠스의 재산의 주 소유주가 되었다. (그는 재산의 약 20퍼센트를 아내 파울라에게 증여했고, 사업 파트너와 가장 아끼던 조카들에게도 소액의 증여를 했다.)

다음은 주목해야 할 몇 가지 중요한 사항이다.

- ▸ 딸이 아버지의 법적 권한 아래 있었던 것은 사실이지만, 아들도 동일한 권한 아래 있었다.
- ▸ 아들과 딸 모두 법적으로 독립할 수 있었다.
- ▸ 여성과 남성 모두 재산을 소유했다.

파울라와 마르쿠스가 부유했다는 사실을 떠올려 보라. 마르켈라는 올리브 과수원과 벽돌 공장이 있는 넓은 부지를 상속받았다. 파비우스는 아버지의 올리브 압착기와 포도원이 있는 또 다른 농장을 상속받았다. 비록 자녀가 동등하게 상속받는 것이 관습이었지만 아들에게 편향된 상속을 하는 경우도 있었다. 그런 경우 파비우스는 추가로 로마에 있는 가족 소유의 집을 상속받고 누나보다 유리한 상황이 되었을 것이다. 마르쿠스보다 더 부유한 로마인들도 있었겠지만, 그의 죽음 이후 자녀들이 매우 좋은 입지를 갖춘 것은 사실이다.

마르쿠스의 아내 파울라는 마흔세 살에 과부가 되었다. 하지만 그는 아버지가 돌아가셨을 때 물려받은 상당한 재산을 소유하고 있었다. 이제 파울라는 마르쿠스의 유산 일부를 물려받아 조금 더 부유해졌다. 파울라의 아버지의 농장은 마르쿠스가 소유하고 있던 땅보다 작았지만, 파울라는 아버지의 유일한 생존 자녀였기 때문에 아버지 재산의 단독 소유주가 되었다. 파울라는 사망하면서 그 재산 중 일부를 자녀들에게, 나머지는 아버지의 친척들에게 물려주었다.

일반적인 패턴

파울라와 마르켈라는 로마 여성들에 관한 예시로, 우리는 법률서를 통해 그들의 법적 권리에 대해 꽤 많이 알고 있다. 유대 지

역이나 고린도, 데살로니가, 에베소 같은 도시처럼 신약성경에 언
급된 다른 지역에서 여성의 지위가 어떠했는지는 명확하지 않다.
로마 시민은 어디에 살든 로마법의 지배를 받았지만, 로마가 통치
하는 다른 지역의 사람들은 자신들의 관습을 지키는 것이 허용되
었다. 따라서 로마제국의 다른 지역에서 여성들에게 어떤 일이 일
어났는지 정확히 말하기는 좀 더 어렵다.

그러나 우리가 가진 증거에 따르면 그리스, 소아시아, 유대,
이집트의 여성들도 재산을 소유하고 있었다. 당시 각 지역의 법률
과 풍속에 대한 기록이 모두 남아 있지는 않기 때문에, 어떠한 법
적 제도로 각 지역 여성들의 삶이 형성되었는지는 알 수 없다. 그
러나 자기 재산과 관련하여, 각 지역에 살았던 여성들이 로마 여성
들과 같은 종류의 행동을 취했다는 증거가 있다. 예를 들어 그들은
건물을 기증했고, 동상을 만들어 가족들을 기렸고, 가축과 노예를
소유했다. 이러한 일들을 할 능력이 있었다는 것은, 그들이 로마법
과 유사한 법적 양식에 따라 재산을 통제할 수 있었음을 시사한다.

재산을 소유했던 대부분의 여성이 파울라나 마르켈라만큼 부
유하지는 않았다. 가난한 여성들은 사랑하는 사람을 위해 묘비문
을 새길 여유가 없었고, 부유한 여성들처럼 건물 전체를 기부하여
자신의 활동에 대한 물리적 기록을 남기지 않았다. 그들의 평상시
거래 내역은 기록되지 않는 경우가 많았다. 이렇듯 그들의 상황을
알려 주는 증거가 많지는 않지만, 평균 수준의 재산을 가진 여성들
의 재산 소유권을 보여 주는 일부 기록이 남아 있다. 예를 들어, 다
음은 이집트의 이혼 합의서 내용이다(건조한 기후 덕분에 종이에 기록된

내용이 남아 있다). "조이스는 안티파트로스로부터 120드라크마 상당의 일상복과 그가 지참금으로 받았던 금 귀걸이 한 쌍을 직접 돌려받았음을 인증한다."[1] 이 문서는 조이스의 남편이었던 안티파트로스가 이혼 후 조이스의 재산을 돌려주었음을 보여 주는 영수증이다. 조이스와 안티파트로스는 부유한 사람들은 아니었지만, 어쨌든 조이스는 재산을 소유하고 있었음을 알 수 있다.

마찬가지로 유대인 여성들에 대해 우리가 가진 증거 또한 그들이 재산을 소유했음을 시사한다. 신약성경을 읽는 많은 현대 독자들은 그 시대 유대인 여성들이 그리스 여성이 누리던 이점을 전혀 공유하지 않았다고 쉽게 추측한다. 하지만 이 또한 사실이 아니다. 역사적 자료를 보면 유대인 여성들과 관련한 유사한 법적·사회적 관습이 존재했음을 알 수 있다.

예를 들어, 당신은 성경 외경에 나오는 유딧에 관한 이야기를 들어 본 적이 있을 것이다. (외경은 구약과 신약 시대 사이에 그리스어로 쓰인 책들로 구성되어 있다. 로마 가톨릭을 비롯한 일부 그리스도인들은 오늘날 외경을 성경의 일부로 간주한다. 그러나 성경의 일부로 보지 않더라도 외경은 그 시대에 대한 더 많은 역사적 정보를 제공하기 때문에 여전히 유용한 문서다.) 다음은 유딧에 관해 얻을 수 있는 정보의 일부다. "그 여자는…남편 므나쎄로부터 금과 은, 남녀 종들 그리고 가축과 토지를 물려받아 그것을 가지고 살았다. 또한 그 여자는 하느님을 무척 공경하는 사람이었기 때문에 그 여자를 비난하는 사람은 아무도 없었다"(유딧기 8:7-8). 이 이야기는 여성이 재산 소유주가 될 수 있다는 사회적 기대를 전달하며, 독자들은 유딧이 부를 가지고 있다는 사실이 그리

대수롭지 않았을 것이다. 그의 이야기는 여성이 부를 소유하는 것이 익숙한 패턴이었음을 암시하는 방식으로 전달된다.

역사적 자료에 따르면, 일부 유대인 여성은 엄청나게 부유했던 반면 조이스와 같이 재산이 적은 여성도 있었고, 그 중간 정도에 해당하는 여성도 많았다. 하지만 이 모든 지역에서 소유권은 일부 엘리트 여성이나 로마 시민권을 가진 이들에게만 국한되지 않았다. 지중해 전역에 살던 여성들은 자기 것이라 부를 수 있는 재산을 소유하고 있었다.

또한 여성들은 남성들이 소유했던 것과 같은 종류의 재산을 소유했다. 그들은 농지와 동물, 주택과 공동주택 건물, 사업체와 장비를 소유했다. 또한 의류와 장신구, 가정용품을 소유했는데,

> "여성은 남성이 소유했던 것과 같은 종류의 재산을 소유했다."

이것들은 오늘날처럼 쓰고 버리는 물품이 아니었고 자녀들에게 상속되었다. 또한 많은 사람이 노예를 소유했는데, 당시 문서에는 노예를 사고파는 남녀의 모습이 모두 기록되어 있다.

신약성경의 여성

이와 같은 재산 소유의 패턴은 신약성경에서도 발견된다. 여성이 소유한 재산의 정도는 다양했다. 두 렙돈을 드린 과부처럼 가진 것이 거의 없는 여성도 있었고, 사도행전 마지막에 등장하는 헤

롯 아그립바의 딸 버니게처럼 **매우** 부유한 여성도 있었다. 대부분의 여성은 아마도 그 중간쯤에 속했을 것이다. 여성의 재산 소유권은 신약성경의 주제가 아니기 때문에 이 책에서 직접적으로 드러나지 않는 경우가 많다. 그러나 이러한 패턴에 익숙했던 고대 독자들은 신약성경에 등장하는 대부분의 여성이 어느 정도 재산을 소유하고 있다고 가정했을 것이다.

이제 두 렙돈을 드린 과부의 예를 통해, 신약성경을 읽을 때 이러한 역사적 증거가 어떠한 유익을 주는지 생각해 보자. 그 후에 당신은 다른 본문에도 동일한 원칙을 적용할 수 있을 것이다. 다음은 마가가 들려주는 이야기다.

> 예수께서 헌금함을 대하여 앉으사 무리가 어떻게 헌금함에 돈 넣는가를 보실새, 여러 부자는 많이 넣는데 한 가난한 과부는 와서 두 렙돈 곧 한 고드란트를 넣는지라. 예수께서 제자들을 불러다가 이르시되, 내가 진실로 너희에게 이르노니 이 가난한 과부는 헌금함에 넣는 모든 사람보다 많이 넣었도다. 그들은 다 그 풍족한 중에서 넣었거니와 이 과부는 그 가난한 중에서 자기의 모든 소유 곧 생활비 전부를 넣었느니라 하시니라
> (막 12:41-44).

만약 우리가 여성도 재산을 소유할 수 있다는 기대를 갖고 있다면, 이 이야기에도 그러한 기대가 반영될 것이다. 그러나 우리는 그것이 사실이라고 추정하기보다는, 마가복음의 초기 독자들도

같은 생각을 갖게 했을, 이 이야기 속 표현에서 단서를 찾아야 한다. 이와 같은 본문을 해석할 때 따라야 할 기본적인 단계는 다음과 같다.

첫째, 본문에서 여성이 재산 소유주임을 암시하는 표현을 찾아보라. 이 경우, 그는 '두 렙돈'(42절)을 가지고 있었다. 그리고 예수님이 과부가 드린 동전이 '모든 소유'(44절)라고 말씀하신 것은 그가 동전의 소유주라는 것을 강조한다. 이때 만약 동전이 그의 것이 아니라면 이 이야기는 말이 되지 않는다. 다른 사람의 돈을 드리는 것이 고귀한 일일 수는 없기 때문이다. 따라서 그 돈은 과부의 소유라고 말하는 것이 타당해 보인다.

둘째, 본문에서 그가 가난한지, 부유한지, 아니면 그 중간인지를 암시하는 표현을 찾아보라. 이 경우에는 간단하다. 왜냐하면 그는 두 번이나 '가난한' 자로 명시되기 때문이다(42, 43절). 또한 그는 헌금할 돈이 많은 '여러 부자'(41절)와도 대조된다. 우리는 두 렙돈이 겨우 '한 고드란트'의 가치이며(42절), 그것이 '생활비 전부'(44절)라는 것을 알 수 있다. 따라서 그가 매우 가난한 사람이라고 결론 내리는 것은 타당해 보인다.

그렇다면 그가 '과부'(42절)임을 알려 주는 부분은 어떨까? 많은 이들이 과부들은 모두 어떠한 자원도 없이 방치된 이들이었다고 추정한다. 하지만 이 장에서 앞서 언급한 파울라와 유딧의 사례를 통해, 과부가 항상 가난했던 것은 아니라는 사실을 우리는 떠올릴 수 있다. 따라서 그가 과부였다는 사실만으로는 그의 부에 대한 정보를 알 수 없다.

셋째, 이 여성에 대해 알 수 없는 것이 무엇인지 생각해 보라. 우리는 그에 대해 많은 궁금증을 가질 수 있다. 최근에 사별했을까? 가진 돈을 모두 헌금했다면 어떻게 계속 살아갈 수 있었을까? 아직 살아 있는 다른 가족이 있었을까? 꽤 흥미로운 질문들이긴 하지만, 본문은 우리에게 답을 찾을 수 있는 단서를 전혀 제공하지 않는다. 따라서 본문이 이 여성과 그의 사회적 지위에 대해 우리에게 알려 주고, 또 반대로 알려 주지 않는 것은 무엇인지를 모두 인식하는 것이 중요하다.

같은 방식으로, 다음 본문에서도 이 장에서 배운 내용을 적용하여 여성이 재산을 소유했다는 가정을 놓고 신약성경 본문의 의미를 생각해 볼 수 있다.

잃은 드라크마를 찾은 여인 비유

어떤 여자가 열 드라크마가 있는데 하나를 잃으면 등불을 켜고 집을 쓸며 찾아내기까지 부지런히 찾지 아니하겠느냐. 또 찾아낸즉 벗과 이웃을 불러 모으고 말하되 나와 함께 즐기자 잃은 드라크마를 찾아내었노라 하리라. 내가 너희에게 이르노니 이와 같이 죄인 한 사람이 회개하면 하나님의 사자들 앞에 기쁨이 되느니라(눅 15:8-10).

1. 본문에서 고대 독자들에게 이 여인이 재산 소유주임을 시사하는 표현을 찾아보라.

2. 그가 가난한지, 부유한지, 그 중간인지 알려 주는 표현을
   찾아보라.

3. 이 여성에 대해 추가로 궁금한 점이나, 이야기에서 제공
   되지 않는 세부 사항이 무엇인지 생각해 보라.

예수님께 향유를 부은 여인

예수께서 베다니 나병 환자 시몬의 집에서 식사하실 때에 한
여자가 매우 값진 향유 곧 순전한 나드 한 옥합을 가지고 와서
그 옥합을 깨뜨려 예수의 머리에 부으니 어떤 사람들이 화를
내어 서로 말하되, 어찌하여 이 향유를 허비하는가 이 향유를
삼백 데나리온 이상에 팔아 가난한 자들에게 줄 수 있었겠도다
하며 그 여자를 책망하는지라(막 14:3-5).

1. 본문에서 고대 독자들에게 이 여인이 재산 소유주임을
   시사하는 표현을 찾아보라.

2. 그가 가난한지, 부유한지, 그 중간인지 알려 주는 표현을
   찾아보라.

3. 이 여성에 대해 추가로 궁금한 점이나, 이야기에서 제공
   되지 않는 세부 사항이 무엇인지 생각해 보라.

혈루증을 앓은 여인

열두 해를 혈루증으로 앓아 온 한 여자가 있어 많은 의사에게
많은 괴로움을 받았고 가진 것도 다 허비하였으되 아무 효험이
없고 도리어 더 중하여졌던 차에 예수의 소문을 듣고 무리
가운데 끼어 뒤로 와서 그의 옷에 손을 대니, 이는 내가 그의
옷에만 손을 대어도 구원을 받으리라 생각함일러라. 이에 그의
혈루 근원이 곧 마르매 병이 나은 줄을 몸에 깨달으니라
(막 5:25-29).

1. 본문에서 고대 독자들에게 이 여인이 재산 소유주임을
   시사하는 표현을 찾아보라.

2. 그가 가난한지, 부유한지, 그 중간인지 알려 주는 표현을
   찾아보라.

3. 이 여성에 대해 추가로 궁금한 점이나, 이야기에서 제공
   되지 않는 세부 사항이 무엇인지 생각해 보라.

4. 아래의 여백을 활용하여 신약성경에 나오는 여성의 재산에 대해 정리된 생각을 적어 보라. 찾아보고 싶은 다른 본문이나, 이 장을 읽고 떠오른 새로운 생각을 기록해도 좋다.

2. 재산 관리

동시대의 다른 여성들과 마찬가지로 뵈뵈 또한 재산 소유주였다. 앞 장에서 보았듯이 여성은 남성만큼 많은 재산을 소유하지는 않았지만, 여성의 소유권이 일상생활의 정상적인 한 부분이 될 만큼 충분한 재산을 소유했다. 뵈뵈가 얼마나 부유했는지, 또는 자신의 재산으로 무엇을 했는지에 대해서는 아직 아무것도 알 수 없다. 일부 여성은 재산을 조금만 소유했고 또 어떤 여성은 많은 재산을 소유했는데, 이는 그들의 사회적 지위에 따라 달랐다.

"여성은 자신의 재산을 소유했고 그 재산으로 무엇을 할지 스스로 결정할 수 있었다."

하지만 뵈뵈가 실제로 자기 재산을 관리했는지 궁금할 수도 있을 것이다. 그는 자신의 재산을 어떻게 사용할지 스스로 결정했을까? 혹시 실제로는 남성이 재산 관리자였고 여성은 단지 서류상의 소유주였던 것은 아닐까? 이 장에서는 이러한 질문에 답할 수 있는 증거를 살펴볼 것이다. 이에 대해 먼저 짧게 대답하자면, 여성은 자신의 재산을 소유했고 그 재산으로 무엇을 할지 스스로 결정할 수 있었다.

부를 사용하여 명예를 얻은 여성들

여성이 자신의 재산을 관리했다는 증거는 우선 비문에서 찾을 수 있다. 우리가 서론에서 읽은 유니아 루스티카의 비문처럼 말이다. 그가 살던 도시는 그곳에 많은 선물을 베풀어 준 유니아에게 경의를 표했다. 그리고 비문의 표현을 보면 유니아가 그 모든 일을 한 사람으로 기술되어 있다. 서론의 마지막 부분에서 당신은 '기부하다' '변제하다' '세우다' '자비로 제공하다' '자비로 만들어 헌정하다' 같은 유니아의 행동을 나타내는 단어나 구를 나열했을 것이다. 비문은 이 모든 활동을 유니아가 자신의 돈으로 한 것으로 명시하고 있다. 남편이 언급되기는 하지만 책임자로 언급되지는 않는다. 본문에서 여러 활동을 통해 이 모든 혜택을 가져다준 사람으로 묘사되는 사람은 유니아다.

많은 부유한 여성이 특히 공적 기부의 공로를 인정받아 유니아 루스티카의 것과 같은 비문을 통해 명예를 얻었다. 여기 또 다른 예가 있다. "가이우스의 딸 움미디아 쿼드라틸라는 카시나 시민들을 위해 자비로 원형극장과 신전을 건설했다."[1] 이탈리아 지역의 한 엘리트 여성의 사례로, 거대하고 값비싼 건물인 원형극장과 신전을 모두 지었다는 사실에서 그가 가진 자원의 규모를 짐작할 수 있다.

그러나 움미디아의 부는 실제로 이보다 훨씬 많았고, 그의 이름은 같은 도시의 다른 비문에도 기록되어 있다. 그는 아버지가 앞서 마을에 기증했던 오래된 극장을 복원함으로써 가문의 명예를 회복하는 동시에(아버지가 기증한 극장이었으므로) 자신의 지위도 높였다. 나아가 움미디아는 극장의 보수를 축하하는 마을 연회 비용을 지불했다. 요약하자면, 유니아 루스티카와 마찬가지로 움미디아는 마을에서 가장 부유한 사람 중 한 명이었다. 그는 많은 기부를 통해, 신약 시대에 유행하게 된 도시 행사를 지속하는 데 도움을 주었다.

문헌 기록 또한 움미디아에 대한 이해를 넓혀 준다. 움미디아 사망 직후 소(小) 플리니우스라는 고위 관료가 쓴 글을 보면, 움미디아가 자신이 사는 도시의 '선도적인 여성'이라고 묘사되어 있다.[2] 이는 출신 도시 내에서 부유한 개인의 지위를 나타내는 데 종종 사용되던 표현으로, 여성과 남성 모두 자기 도시의 시민들 사이에서 '선도적' 혹은 '으뜸가는' 인물로 인정되었다.

> "여성과 남성 모두 자기 도시의 시민들 사이에서 '선도적' 혹은 '으뜸가는' 인물로 인정되었다."

움미디아 같은 지도자들은 지역사회의 후견인으로서 상당한 역할을 수행했다. 후원 행위가 부유한 사람이 반드시 해야만 하는 일은 아니었기 때문에, 지역사회는 종종 비문을 통해 감사를 표했다. 움미디아의 비문은 그가 행한 여러 활동의 공로를 인정함으로써 그의 주체성을 나타낸다.

대부분의 여성은 부유하지 않았다. 그러나 흔히 재산을 소유하고 있었고, 재산을 사용하고 유지하고 증식시키기 위한 조치를 취했다. 이를 보여 주는 증거 중 하나는 재산 등록과 관련한 세금 기록이다. 이집트의 한 예로, 낙타 여섯 마리를 소유한 타우에티스라는 여성의 기록이 있다. "나는 마을 근처에 있는 낙타 여섯 마리를 지난 20년에 등록했고, 올해 하드리아누스 카이사르 21년에도 소크노파이우 네소스에서 등록한다."[3] 소크노파이우 네소스는 이집트 사막 끝에 있는 마을이었고, 사막을 가로질러 물건을 운반하는 낙타를 키우고 이용하는 것은 그 지역 경제의 중요한 부분이었다. 이 문서는 타우에티스가 낙타 여섯 마리에 대한 세금을 납부하고 등록한 것을 보여 주는 영수증이다. 남성이 낙타를 소유했다는 유사한 기록도 있으며, 모두 비슷한 형식과 표현을 공유하고 있다. 이 기록은 타우에티스 같은 여성들이 마을의 관례적인 방식으로 지역 경제에 참여했음을 보여 준다.

재산 사용과 관련한 여성의 활동을 보여 주는 다른 예로는 묘지 구입이 있다. 예를 들어, 소아시아의 유대인 여성 루피나는 자신이 세운 무덤에 다음과 같은 글을 남겼다. "유대인이며 회당장인 루피나는 그가 해방시킨 노예들과 자신의 집에서 자란 노예들을 위해 이 묘지를 지었다."[4] 루피나는 한 가정과 노예들과 이 묘지의 주인이었다. 또한 그는 '회당의 지도자'라는 뜻의 '아르키쉬

나고고스'(archisynagōgos)라는 직함도 가지고 있었다. 루피나는 로마 시민도 아니었고 도시에서 가장 부유한 사람도 아니었지만, 어느 정도의 재산과 사회적 지위를 갖고 있었다. 이 비문은 그가 묘지를 조성한 책임자임을 분명히 명시하고 있다.

글의 이어지는 내용을 보면, 루피나의 비문에 표현된 의도를 강제할 사회적 장치가 있었던 것으로 보인다. "누구도 이곳에 다른 사람을 묻을 권리가 없다. 감히 그렇게 하는 사람은 신성한 금고에 1,500데나리온을, 유대 민족에게 1,000데나리온을 내야 한다. 이 비문의 사본은 공공 기록 보관소에 보관되어 있다." 루피나의 말에는 자기 재산에 대한 자신의 의사가 존중될 것이라는 기대가 담겨 있다. 그는 다른 사람들이 묘지를 마련할 때 했던 일, 즉 사회적으로 합의된 동일한 관행에 동참하고 있다.

이와 같은 증거를 통해 우리는 신약 시대를 살았던 실제 여성들의 삶을 엿볼 수 있다. 가장 부유한 사람들은 대규모 건축 프로젝트와 지역사회 행사를 후원했다. 그보다 덜 부유한 여성들은 지역 경제와 장례 같은 문화적 관습에 참여했다. 여성은 남성과 동일한 관습과 양식에 따라 자기 재산을 사용했다. 비록 전반적으로 남성이 여성보다 더 많은 재산을 소유하긴 했지만, 여성 또한 상당량의 재산을 소유했고 남성과 동일한 방식으로 재산을 사용했다.

가정 관리

사실 재산 관리와 가사 관리는 여성들의 몫이었다. 당시 일반적으로 각 성별에게 기대되었던 바에 따르면, '여성이 하는 일'은 요리와 청소뿐만 아니라 가정을 유지하는 많은 일들을 포함

> "기혼 여성에게는 종종 자신의 재산뿐 아니라 남편의 재산도 관리할 책임이 있었다."

했다. 기혼 여성에게는 종종 자신의 재산뿐 아니라 남편의 재산도 관리할 책임이 있었다. 비록 로마법은 남편과 아내의 재산 소유권을 분리해야 한다고 규정했지만, 가정 내의 일상적인 일들은 대부분 아내가 수행했다.

이러한 책임의 패턴은, 콜루멜라(Columella)라는 고대 작가가 농장을 책임지고 있던 한 여성이 맡은 일을 나열한 글에서 찾아볼 수 있다.[5] 그 여성은 농장의 주인은 아니었지만, 집에 들어오는 모든 물건의 품질을 검사하고 곡물, 포도주, 식기, 가구, 의복, 무기 등의 식량 및 물품을 보관하는 창고를 관리하고 정리했다. 또한 많은 시간이 소요되는 온 가족의 의복 제작을 감독하고, 요리와 헛간 및 동물 관리를 감독했다. 결코 작은 일이 아니었다!

이집트의 파피루스 기록에 따르면 여성들이 콜루멜라가 말한 많은 일들을 했다는 사실이 확인된다. 다음은 디오게니스라는 이집트 여성이 자신의 재산 관리자인 크로니온에게 보낸 편지의 내용이다. "내가 가는 동안 밀을 팔고 당신 집에 청동을 모아 주게. 내게 그것들이 필요하기 때문이네. 뮈르탈레에게 가서 돈을 달라

고 하게. 만일 그 여자가 자네에게 돈을 주지 않으려고 한다면 가둬 두게. 내가 갔을 때 벽이 쌓여 있는 것을 보지 않도록 신경 써주게. 그리고…아퓌스가 원하는 배열에 따라 식당 바닥을 포장해주게. 모직물과 옷은 털어 내고, 집에 있는 아이들과 물건을 잘 지켜봐 주게. 어린 이사도라를 잘 보살펴 주게. 그대가 건강하기를 비네."[6]

디오게니스는 크로니온에게 지시 내리는 것을 꽤 편하게 생각하는 것 같다. 우리는 그가 의미하는 바(왜 벽을 쌓고 싶지 않은지 등)를 정확히 알 수는 없지만, 디오게니스는 자신이 원하는 바를 이루려는 의도를 분명히 하고 있다. 그는 농산물에 대한 지침을 내리고, 빌려준 돈을 돌려받고 집을 수리하고 아이들과 의류 및 기타 가정용 직물을 관리하는 일을 지시한다.

디오게니스의 편지에는 그가 언급한 밀, 청동, 돈, 식당, 모직물, 의복 등과 같은 재산의 소유주가 누구인지 명시되어 있지 않다. 만일 디오게니스가 기혼이라면 지침에 포함된 항목 중 일부는 법적으로 남편의 소유였을 가능성이 높다. 하지만 그중 일부는 자신의 재산이었을 수도 있다. 그것을 확실히 알 수 있는 방법은 없다. 아니면 디오게니스가 과부가 되면서 모든 재산이 그의 소유가 되었을 가능성도 있다. 상황이 어떠했든 디오게니스가 집안일을 관리하는 데 상당한 권한을 행사하고 있다는 것은 분명하다.

자신의 재산 관리자에게 지시 사항이 담긴 이 편지를 보낸 디오게니스는 어떤 이례적인 일을 한 것이 아니다. 사실 콜루멜라가 직접 작성한 목록을 보면, 디오게니스가 편지에서 제시한 지침은 여성에게 일상적으로 기대되고 미덕으로 여겨지는 행동이었음을 알 수 있다. (이러한 기대에 대해서는 9장에서 근면이라는 덕목에 대해 이야기할 때 자세히 설명하겠다.)

신약성경의 재산 관리

신약성경의 여성들 또한 재산을 소유했다. 그리고 동시대의 다른 여성들과 마찬가지로 자신의 부를 어떻게 관리할지에 대한 결정을 내렸다. 기혼

> "가정을 관리하는 것은 복잡한 일이었다!"

여성은 가정을 돌보았으며, 따라서 남편의 부도 일정 정도 관리했다. 그리고 가정을 관리하는 것은 복잡한 일이었다! 예를 들어, 가족을 먹이기 위해서는 단순히 한 끼를 간단히 요리하는 정도가 아니라 식량을 조달하거나 직접 재배하는 모든 과정이 필요했다. 여성은 가정 내 여러 필요뿐 아니라 가족의 사업에서 이익을 내는 일에도 관여했다.

다음의 신약성경 이야기에서, 여성이 재산을 주체적으로 사용했음을 보여 주는 증거를 생각해 보자. 앞 장에서와 마찬가지로 우리는 여성이 재산을 소유했다는 사실을 계속해서 확인하게 될 것이다. 그리고 고대 독자들이 이 여성들의 재산에 대한 권한을 어떻게 이해했을지 고찰해 볼 수 있다.

예수님께 향유를 부은 여인

사복음서 모두 예수님께 기름을 부은 한 여인의 이야기를 다루고 있다. 하지만 각 복음서의 세부 내용은 상당히 다르다. 이전 장에서 우리는 마가의 버전을 살펴보았는데, 이제 마태의 버전을 살펴보자.

예수께서 베다니 나병환자 시몬의 집에 계실 때에 한 여자가 매우 귀한 향유 한 옥합을 가지고 나아와서 식사하시는 예수의 머리에 부으니 제자들이 보고 분개하여 이르되, 무슨 의도로 이것을 허비하느냐 이것을 비싼 값에 팔아 가난한 자들에게 줄 수 있었겠도다 하거늘 예수께서 아시고 그들에게 이르시되, 너희가 어찌하여 이 여자를 괴롭게 하느냐 그가 내게 좋은 일을 하였느니라 가난한 자들은 항상 너희와 함께 있거니와 나는 항상 함께 있지 아니하리라 이 여자가 내 몸에 이 향유를 부은 것은 내 장례를 위하여 함이니라 내가 진실로 너희에게 이르노니 온 천하에 어디서든지 이 복음이 전파되는 곳에서는 이 여자가 행한 일도 말하여 그를 기억하리라 하시니라(마 26:6-13).

1. 본문을 살펴보고 고대 독자들에게 이 여성이 재산 소유주임을 암시했을 만한 표현을 찾아보라.

2. 본문에서 그가 자신의 재산을 관리하거나 통제했음을 시사하는 표현을 찾아보라.

3. 이 여성에 대해 추가로 궁금한 점이나 이야기에서 제공되지 않는 세부 사항이 무엇인지 생각해 보라.

루디아

두아디라 시에 있는 자색 옷감 장사로서 하나님을 섬기는 루디아라 하는 한 여자가 말을 듣고 있을 때 주께서 그 마음을 열어 바울의 말을 따르게 하신지라 그와 그 집이 다 세례를 받고 우리에게 청하여 이르되 만일 나를 주 믿는 자로 알거든 내 집에 들어와 유하라 하고 강권하여 머물게 하니라(행 16:14-15).

1. 본문을 살펴보고 고대 독자들에게 루디아가 재산 소유주임을 암시했을 만한 표현을 찾아보라.

2. 본문에서 루디아가 자신의 재산을 관리했음을 시사하는 표현을 찾아보라.

3. 이 여성에 대해 추가로 궁금한 점이나 이야기에서 제공
되지 않는 세부 사항이 무엇인지 생각해 보라.

돌아보기

아래의 여백을 활용하여 신약성경에 나오는 여성의 재산
관리에 대해 정리된 생각을 적어 보라. 찾아보고 싶은 다
른 본문이나, 이 장을 읽고 떠오른 새로운 생각을 기록해
도 좋다.

3. 결혼

뵈뵈는 기혼이었을까? 그것은 알 수 없다. 바울은 뵈뵈의 남편에
대해 언급하지 않지만, 어쩌면 그것은 그가 예수 운동에 참여하지
않았기 때문일 수 있다. (대조적으로 다음 구절에서 바울은 브리스가와 아굴
라 부부에게 문안한다.)

많은 해석자들은 결혼에 대한 사회적 규범이 여성의 자유를
제한했다고 주장한다. 그들은 미혼이거나 사별한 여성이 독립적
으로 행동할 능력이 더 많았다고 간주한다. 이를 근거로 몇몇 사람
들은 뵈뵈를 미혼의 신분이었기 때문에 교회에서 지도자 역할을
맡을 수 있었던 여성들 중 한 명으로 해석하기도 한다.

이번 장에서는 결혼이나 이혼이 여성의 법적·사회적 지위에
어떤 영향을 미쳤는지 살펴볼 것이다. 대부분의 기혼 여성은 남편
의 법적 권한 아래에 있지 않았던 것으로 나타났다. 남편은 보통

아내보다 사회적 지위가 높았기 때문에 더 많은 힘을 가지고 있었다. 하지만 문화적 규범에 따라 여성에게 부여된 힘은 우리가 예상하는 것보다 훨씬 강력했다.

기혼 여성의 법적 지위

1장에서 우리는 로마 여성들이 아버지가 사망한 후 법적으로 독립할 수 있었다는 사실을 살펴보았다. 이 시대에는 아버지가 아들과 딸에 대한 법적 권한을 가지고 있었으며, 사망할 때까지 원칙적으로 자녀들의 부를 소유했다. 그리고 아버지의 사망 시점에 상속된 재산이 법적으로 자녀의 소유가 되었다.

이제 1장에서 언급한 가상의 로마 가족을 다시 떠올려 보자. 마르켈라와 그의 남동생 파비우스는 모두 아버지 마르쿠스의 법적 권한 아래 있었다. 마르쿠스가 사망하자 그들은 법적으로 독립했고 아버지로부터 재산을 상속받았다. 이는 곧 그들이 자신의 재산에 대한 권리를 가진 소유자가 되었음을 의미한다.

마르켈라는 아버지가 돌아가셨을 때 스물네 살이었고, 이미 결혼한 상태였다. 그것이 그의 재산권에 어떤 영향을 끼쳤을까? 아무 영향도 끼치지 않았다. 결혼 여부와 상관없이, 딸은 아버지가 돌아가시면 재산의 소유주가 되었다. 한 사람의 법적 지위를 바꾸는 것은 결혼이 아니라 아버지의 죽음이었다. 아버지가 사망할 때 아들과 딸은 모두 법적으로 독립하게 되었다.

이러한 독립적 지위는 대부분의 아내가 **단 한 순간도** 남편의 법적 권한 아래 있지 않았음을 의미한다. 이 점은 대부분의 현대인이 기대하는 것과는 상당히 다르다. 그동안 우리는 여성은

> "대부분의 아내는 단 한 순간도 남편의 법적 권한 아래 있지 않았다."

재산을 소유할 수 없었다고, 남편이 모든 법적 권한을 행사하기 때문에 여성이 가지는 모든 권리는 남편이 통제했다고 배워 왔다. 이는 그보다 몇 세기 전 로마인들에게는 사실이었지만 신약 시대에는 더 이상 그렇지 않았다.

남편은 아버지로서 다른 가족 구성원들에 대한 법적 권한을 가졌지만, 아내에 대해서만큼은 그렇지 않았다. 아내는 자기 아버지가 살아 있을 때는 그 권위 아래 있다가 아버지가 돌아가시고 나면 법적으로 독립했다. 마찬가지로 남편 역시 자기 아버지가 아직 살아 계시다면 그의 법적 권한 아래에 있었다. 남성과 여성 모두 법적 독립은 결혼 여부에 영향을 받지 않았다. 남편은 법적으로 독립한 여성인 아내의 재산을 통제하지 않았다.

결혼 생활에서의 재산 소유권

로마인들은 남편과 아내의 재산을 법적으로 분리된 것으로 여겼다. 이 점은 매우 중요했으며, 여러 법률이 이를 강화했다. 예를 들어, 배우자가 서로에게 증여하는 것은 실제로 불법이었다!

왜냐하면 배우자에게 증여하는 것이 원가족의 부를 배우자의 가족에게 넘겨주는 것이나 다름없다고 생각했기 때문이다. 시간이 지나면서 로마법은 배우자가 서로에게 증여하는 관행을 수용하도록 변경되었다. 그러나 이 법을 지탱하는 중요한 기본 개념은, 바로 남편과 아내의 가족 모두 자기 재산에 대한 권리를 유지해야 한다는 것이었다.

마르켈라와 파비우스의 어머니 파울라를 생각해 보자. 그는 마르쿠스와 결혼했는데, 마르쿠스가 쉰 살, 자신이 마흔세 살이었을 때 남편이 사망했다. 마르쿠스는 자녀들에 대한 법적 권한을 가지고 사망할 때까지 자녀의 모든 재산을 소유했지만, 파울라는 결혼 기간 내내 재산을 소유했다. 결혼했다고 해서 파울라의 재산이 마르쿠스의 소유가 되는 것은 아니었다. 서로의 이해관계가 일치한다고 생각한 부부는 결합된 부로 무엇을 할 수 있을지에 대해 이야기했지만, 상대방을 각자의 재산에 대한 소유주로 여겼다.

"법과 사회 모두 지참금을 아내의 소유로 여겼다."

이들의 재정 생활에서 흥미로운 점은 바로 파울라의 지참금이었다. 파울라가 마르쿠스와 결혼할 때 파울라의 아버지는 파울라가 상속받을 토지 일부를 마르쿠스에게 지참금으로 주기로 했다. 지참금은 결혼 기간 동안 남편이 관리하는 재산으로, 이를 사용하여 이익을 얻을 수 있었다. 그러나 법과 사회 모두 지참금을 아내의 소유로 여겼다. 즉, 이 말은 마르쿠스가 땅을 경작하고 농산물을 팔아 그 돈으로 이익을 얻을 수는 있었지만, 땅을 팔아서 그 돈을 쓸 수는 없었음을 의미한다. 사실상 그 땅은 그가 마음대로 팔 수 있는 자기 소유가 아니었던 것이다. 그리고 가장 중요한 것은 마르쿠스가 사망할 때(또는 부부가 이혼할 때) 그 땅이 다시 파울라의 재산이 된다는 점이다.

이 시기의 지참금은 여성이 가진 부의 전부가 아니라 일부였다. 따라서 파울라는 지참금이 된 부지에 인접한 대부분의 땅을 계속 소유했다. 지참금은 권력의 상대적인 불균형, 곧 남편이 아내보다 우위를 점했던 상황을 보여 준다. 왜냐하면 지참금은 여성의 재산을 남편의 통제하에 두는 반면, 여성은 이에 상응하는 방식으로 남편의 재산을 소유하지 못했기 때문이다. 그럼에도 불구하고 이 시대의 여성들은 지참금에 포함되지 않은 재산도 소유하고 있었다.

지참금은 여성의 사회적 지위에 따라 그 규모가 달랐지만, 다른 문화권이나 시대와 비교하면 사치스러운 수준은 아니었다. 파울라의 지참금은 일부 가문의 부를 모두 합친 것보다 상대적으로 더 큰 토지였다. 하지만 파울라와 마르쿠스가 소유한 전체 부에 비해 그렇게 크지는 않았다.

다음은 이집트에 살았던 타트레스라는 여성의 훨씬 적은 지참금에 대한 예다. "주어진 지참금은 60드라크마와…3쿼터(무게) 상당의 금귀걸이 한 쌍과, 1.5쿼터(무게) 상당의 금 초승달 목걸이와, 8드라크마(무게) 상당의 주조되지 않은 은괴로 만든 은팔찌와, 한 개의 청동 대야와 두 개의 청동 물항아리, 2므나 무게의 주석 식기다."[1] 비록 이 부부의 총 재산은 알 수 없지만, 이 지참금은 당시의 다른 기록과 비교하면 적은 금액이다. 그러나 아내는 지참금에 포함되지 않은 다른 재산을 소유하고 있었을 것이다.

타트레스의 결혼 문서는 당시 이집트에서 실제 사용되던 계약서의 한 유형으로, 남편이 결혼 기간 동안 아내에게 양도할 재산 또한 명시되어 있다. 이 사례의 경우, 남편은 어머니로부터 집과 뜰의 일부를 상속받았고, 이를 결혼 생활 중 취득할 수 있는 다른 소유물과 함께 타트레스에게 증여했다. 그러나 로마 시민이라면 절대 그런 계약을 맺지 않았을 것이다. 따라서 우리는 로마제국 전역에 걸쳐 다양한 관행이 있었음을 알 수 있다. 그러나 각각의 사례에서 우리는 여성들이 상당한 규모의 재산을 소유한 것을 볼 수 있다.

유대 여성들 또한 결혼 생활 중에 재산을 소유했다. 어느 작은 2세기 문서 보관소에는 바바타라는 유대인 여성의 금융 거래 기록이 남아 있다. 한 문서를 보면 그가 두 번째 남편 유다에게 300데나리온을 빌려준 기록이 나와 있다. 이 법적 기록은 가족 관계 밖에서 이루어지는 대출 기록과 유사했다. 남편은 "아내가 원한다면 언제든 300데나리온을 돌려주겠다"[2]고 명시한다. 또 다른 문서에는 대추야자와 보리를 재배했던 바바타의 땅이 등록되어 있다.

증거자료 이해하기

고대 여성에 대해 우리가 흔히 가지는 두 가지 오해 때문에 이러한 증거자료를 해석하는 데 어려움이 따르곤 한다. 첫 번째 오해는, 바로 결혼이 여성의 역할 수행 능력을 제한한다는 가정이다. 우리는 그동안 여성은 결혼 기간 동안 남편의 통제를 받으며 중요한 리더십을 발휘할 수 없었다고 들어 왔다. 하지만 1장에서 설명한 법적 규범들과 비문들을 살펴보면 이는 사실이 아님을 알 수 있다. 기혼 여성과 미혼 여성 모두 중요한 리더십을 수행했다.

바울이 여행했던 제국 동부의 그리스 도시들에서는, 많은 여성이 후견인 역할을 명시하는 도시 직책 및 행정 직책을 갖고 있었다. 다음은 에베소 근처에 소재한 섬 키오스의 예다. "스퀴테이노스의 딸, 김나시온의 장을 네 차례 역임하며 헤라클레아 경기 축제를 맞아 도시에 기름을 두 차례 공급하였고, 세 차례 헤라클레아 로마이아와 카이사레이아 경기를 주관했으며, 이오니아 연맹 열세 도시들의 여왕이며, 도시의 영광을 추구하였으며…조국을 향한 사랑과 탁월함과 그것을 향한 고귀한 행동들로 인하여, 신성한 여제 아프로디테 리비아의 종신 여사제였던 클라우디아 메트로도라를 위하여."[3]

이 비문을 통해 도시는 클라우디아가 도시를 위해 구체적 시혜 활동을 한 공로를 기렸다. 이러한 활동에는 키오스 시민들에게 음식을 나눠 주고, 중요한 종교 축제에서 운동경기를 조직하고, 사제직을 수행하는 것이 포함된다. 여기서 클라우디아가 '이오니아 연맹의 여왕'으로 불린다는 것은 지역 도시들 사이를 조정하는 그의 정치적 리더십을 보여 준다.

다른 비문에는 클라우디아가 두 차례에 걸쳐 도시의 행정관 (*stephanēphoros*) 직을 역임한 것으로 언급되어 있다. 클라우디아를 기리는 이 비문에서 특이한 점은 여성이 공직을 맡았다는 사실이 아니라, 그가 가진 직함의 수다. 비록 여성이 남성보다 공적을 기리는 비문에 등장하는 빈도는 적었지만, 비슷한 지위에 있는 남성과 동일한 직함을 가진 경우가 많았다.

"여성의 공직 보유는 결혼 여부에 따라 결정되지 않았다."

에베소에서 발견된 비문들은 동일 인물 클라우디아 메트로도라가 기혼 여성이었다는 사실을 확인해 준다. 그는 남편과 함께 그 도시를 위한 기부에 참여했다. 그러나 클라우디아의 직함은 남편의 직함과 달랐고, 남편은 클라우디아를 기리는 키오스의 비문에 전혀 언급되지 않았다. 에베소 주변 지역에서 발견된 다른 증거에 따르면, 도시의 공직을 맡은 여성들은 기혼인 경우도 있었고 미혼인 경우도 있었다. 비문에 나타나는 이러한 패턴을 통해 학자들은 여성의 공직 보유가 결혼 여부에 따라 결정되지 않았다는 결론을 내렸다.

이혼

이 시대의 문화는 오랜 결혼 생활을 가치 있게 여기고, 평생 한 배우자에게 헌신하는 사람을 칭송했다. 그러나 이혼 또한 쉽게 할 수 있었으며 특정 상황에서는 이혼이 올바른 선택으로 여겨지기도 했다. 실제로 아우구스투스 황제는 아내가 간통을 저지른 경우 로마 남성은 의무적으로 이혼하도록 하는 법안을 통과시켰다.

이혼은 남편이나 아내 중 누구라도 먼저 주도할 수 있었다. 이혼하기 위해 판사의 허가를 받을 필요는 없었다. 만약 두 사람이 자신들의 결혼 관계가 끝난 것으로 여긴다면 법은 두 사람이 이혼한 것으로 간주했다.

오늘날 사람들은 종종 고대 여성이 자신만의 재정적 자원이 없었으리라는 생각 때문에, 먼저 남편을 떠나지 않았을 것이라고 가정한다. 하지만 이제 우리는 그것이 사실이 아님을 알게 되었다. 여성은 재산을 소유했고, 부부가 이혼할 경우 남편은 지참금을 반환해야 했다. 이런 환경에서 일부 여성이 이혼을 좋은 선택지로 여겼던 것은 합리적으로 보인다.

이혼을 위해서는 서류가 필요하지 않았기 때문에, 이혼이 얼마나 흔했고 한 개인이 얼마나 자주 이혼했는지를 파악하기는 여간 어려운 일이 아니다. 고대의 역사가들과 편지 저자들은 때때로 가문 간에 새로운 정치적 동맹을 맺기 위해 이혼하고 다른 사람과 결혼한 엘리트 계층 부부를 언급하기도 한다. 당사자들이 지참금 반환을 입증하기 위한 법정 문서를 요청한 경우를 보며 이혼 사실을 확인할 수도 있다. 이혼 자체에 법적 개입이 필요하지는 않았지만, 법원은 남편이 지참금을 갚지 않았다고 주장하는 누군가(예를 들어 전 부인이나 그의 새 남편)로부터 추후에 소송을 당하지 않도록 일종의 영수증을 제공할 수 있었다.

1장에서 나는 여성이 재산을 소유했다는 증거로, 조이스가 지참금을 돌려받았음을 증명하는 법적 문서를 언급했다. 이 경우, 조이스와 남편 안티파트로스는 5개월 전에 "그들이 맺은 결합을 끊고 서로 헤어졌다"는 데 합의했다.[4] 조이스도 지참금 수령을 인정하고, 지참금 반환과 관련해 안티파트로스에 대해 더 이상의 법적 조치를 취하지 않을 것이라고 약속했다.

또 다른 문서에는 트뤼파이네라는 여성이 지참금 반환을 법정에 청원하는 내용이 나와 있다. 그는 남편이 "[지참금을] 낭비하고, [자신을] 학대하고 모욕했다"[5]고 주장했다. 이와 같이 이혼이 원만하게 이루어지지 않은 경우, 여성은 법정에 재산 반환을 신청할 수 있었다.

유대인 여성도 이혼을 주도할 수 있었다. 일부 유대 문헌은 남성만이 아내에게 이혼 증서를 줄 수 있다고 말하지만, 다른 자료에 따르면 여성 또한 이혼을 시도할 수 있었다. 예를 들어 유대인 철학자 필론은 비록 이 관행을 한탄하긴 하지만, 여성들이 '어떤 이유로든' 남편과 이혼한다고 기록하고 있다.[6]

"유대인 여성도 이혼을 주도할 수 있었다."

신약성경에 나타난 결혼과 여성의 행동

신약성경에서는 여성의 결혼 여부를 알기 어려운 경우가 많다. 예수님의 옷자락을 만진 혈루증 걸린 여인은 결혼한 여인이었을까? 예수님께 자기 딸을 고쳐 달라고 간청한 여인은 어땠을까?

많은 본문에서 등장인물이 결혼했는지, 아니면 사별이나 이혼을 했는지에 대해 언급하지 않는 이유는, 그것이 중요하지 않기 때문이다.

게다가 '아내'를 지칭하는 별도의 어휘도 없었다. 그리스어 '귀네'(*gynē*)는 '여성'과 '아내'라는 의미를 모두 갖고 있다. 예를 들어 마태복음에서 "요셉이 잠에서 깨어 일어나 주의 사자의 분부대로 행하여 그의 아내를 데려왔[다]"(1:24)고 말할 때처럼, 때로는 문맥을 통해 의미를 알 수 있는 경우도 있다. 하지만 '귀네'가 기혼 여성을 가리키는지 여부를 알 수 없는 경우가 많다.

마찬가지로, 언급할 이유가 없는 경우 저자들은 종종 여성의 배우자를 생략하곤 했다. 예를 들어 요한복음은 예수님의 십자가 옆에 네 명의 여인들, 즉 예수님의 어머니와 이모와 글로바의 아내 마리아와 막달라 마리아가 서 있었다고 기록한다. 이들 중 한 여인의 남편만 언급되어 있는데, 이 경우는 마리아라는 동명의 다른 여성과 구별하기 위해 남편을 언급했을 가능성이 크다.

마찬가지로, 복음서의 저자들은 일반적으로 여성의 재산 소유권에 관심을 두지 않았다. 그들은 예수님의 이야기를 전하는 데 집중했을 뿐, 그분을 따르는 이들의 재정 상태에는 관심이 없었기 때문이다. 그래서 우리는 여성들이 얼마나 많은 재산을 소유했는지에 대해 그리 많은 것을 알 수는 없다(또는 전혀 알 수 없다). 여기 등장하는 마리아들은 생계를 위해 어떤 일을 했을까? 부자였을까 가난했을까? 얼마나 많은 재산을 소유하고 있었을까? 대부분의 경우 이러한 질문에 답할 수 있는 방법은 전혀 없다.

신약성경에서 기혼자라고 명시적으로 표현된 여성이 재산과 관련하여 언급된 사례는 몇 가지에 불과하다. 하나는 누가가 자신의 재산으로 예수 운동을 지지하는 여성들을 언급하는 경우로(눅 8:1-3), 그중 한 사람이 "헤롯의 청지기 구사의 아내 요안나"다. 요안나는 기혼 여성으로서 자기 뜻대로 쓸 수 있는 부를 가지고 있었고, 예수님과 그를 따르는 자들의 후견인이 되었다. (후견인에 대해서는 2부에서 보다 자세히 다루도록 하겠다.) 그의 남편이 여기 언급된 것은 아마도 사회적 지위 때문일 것이다. 그가 비록 엘리트 계층은 아니었지만 권력과의 근접성 때문에 사회적 입지를 얻을 수 있었다. 그리고 요안나는 기혼자였음에도 불구하고 이런 식으로 자산을 관리하는 모습이 언급된다.

신약성경의 저자들은 종종 등장인물의 결혼 여부에 대해 말해 주지 않으므로, 이전 장들에서 다룬 세 이야기를 다시 살펴보자. 그동안 우리는 결혼이 여성에게 제한을 가한다고 생각하는 경향이 있었다. 이 장에서 배운 내용을 바탕으로, 아래 이야기들에서 결혼 여부가 등장인물의 행동에 변화를 가져올 것인지 다시 생각해 보자.

잃은 드라크마를 찾은 여인 비유

어떤 여자[gynē]가 열 드라크마가 있는데 하나를 잃으면 등불을 켜고 집을 쓸며 찾아내기까지 부지런히 찾지 아니하겠느냐. 또 찾아낸즉 벗과 이웃을 불러 모으고 말하되 나와 함께 즐기자

잃은 드라크마를 찾아내었노라 하리라. 내가 너희에게 이르노니
이와 같이 죄인 한 사람이 회개하면 하나님의 사자들 앞에
기쁨이 되느니라(눅 15:8-10).

1. 이 비유에 나오는 여인의 행동을 나열하라.

2. 기혼 여성이 이러한 일을 했을지 여부를 적어 보라.

3. 이 여성에 대해 추가로 궁금한 점이나 이야기에서 제공
   되지 않는 세부 사항이 무엇인지 생각해 보라.

예수님께 향유를 부은 여인

예수께서 베다니 나병 환자 시몬의 집에서 식사하실 때에 한
여자[gynē]가 매우 값진 향유 곧 순전한 나드 한 옥합을 가지고
와서 그 옥합을 깨뜨려 예수의 머리에 부으니, 어떤 사람들이
화를 내어 서로 말하되 어찌하여 이 향유를 허비하는가 이
향유를 삼백 데나리온 이상에 팔아 가난한 자들에게 줄 수
있었겠도다 하며 그 여자를 책망하는지라(막 14:3-5).

1. 이 이야기에 나오는 여인의 행동을 나열하라.

2. 기혼 여성이 이러한 일을 했을지 여부를 적어 보라.

3. 이 여성에 대해 추가로 궁금한 점이나 이야기에서 제공
   되지 않는 세부 사항이 무엇인지 생각해 보라.

뵈뵈에 대해 다시 생각해 보기

우리는 뵈뵈가 기혼인지 미혼인지 질문을 던지며 이 장을 시
작했다. 이제 당신이 알고 있는 내용을 바탕으로 뵈뵈에 관한 구절
을 다시 생각해 보자.

내가 겐그레아 교회의 일꾼으로 있는 우리 자매 뵈뵈를
너희에게 추천하노니 너희는 주 안에서 성도들의 합당한 예절로
그를 영접하고 무엇이든지 그에게 소용되는 바를 도와줄지니,
이는 그가 여러 사람과 나의 보호자가 되었음이라(롬 16:1-2).

1. 뵈뵈에 관해 생각해 보고 싶은 세부 사항을 나열하라.

2. 기혼 여성이 이러한 일을 했을지 여부를 적어 보라.

3. 이 여성에 대해 추가로 궁금한 점이나 이야기에서 제공
   되지 않는 세부 사항이 무엇인지 생각해 보라.

4. 직업

뵈뵈는 어떤 일을 하며 살았을까? 뵈뵈가 '많은 사람의 후원자'였다는 바울의 말로 미루어 볼 때 뵈뵈에게 돈이 있었음을 우리는 알 수 있다. 그런데 뵈뵈의 부는 어디에서 왔을까? 뵈뵈가 무슨 일을 했는지 구체적으로 알 수는 없지만, 이 시대 여성들이 가졌던 일반적인 직업에 대해서는 알 수 있는 것이 좀 더 많다.

대부분의 여성이 열심히 일했다는 것은 확실한 사실이다. 산업혁명 이전 시대에는 가정을 꾸려 나가는 데 상당한 노동력이 필요했다. 단순히 식탁에 음식을 차리고 모든 사람에게 옷을 입히는 것만으로도 많은 생산 단계가 필요했고, 그것은 곧 노동이 가능한 모든 가족 구성원이 해야 할 일이 있었음을 의미했다. 여가를 즐길 수 있는 사람은 거의 없었다.

신약 시대에는 사람들이 하는 일의 종류에 약간의 변화가 있었다. 이 시기에는 도시에서 옷감을 구입할 수 있었기 때문에 각 가정에서 직접 천을 짤 필요는 없었다. 가난한 사람들이 식사를 할 수 있는 식당도 생겼다. 하지만 그렇다고 해서 할 일이 줄어든 것은 아니었다. 대부분의 사람이 양털을 깎고 농작물을 기르고 나무를 모으고 물을 긷는 대신, 하루 종일 해야 할 다른 종류의 일이 있었기 때문이다. 여성과 남성 모두 가족을 부양하기 위해 열심히 일했다.

여성은 당신의 생각보다 훨씬 다양한 직업을 가지고 있었다! 우리는 고인의 직업이 명시된 묘비문들을 통해 여성들의 몇 가지 활동을 알 수 있다. 이 비문들은 죽은 사람을 기리기 위한

> "여성은 당신의 생각보다 훨씬 다양한 직업을 가지고 있었다!"

것이었기 때문에, 직업이 기재되었다는 사실은 그것이 자부심을 주는 요소였음을 암시한다. 기록을 보면 남성의 직업이 여성보다 더 다양했지만, 그럼에도 여성 또한 다양한 종류의 일을 했다.

어머니의 삶과 자녀 양육

우리가 일반적으로 여성과 연관 짓는 노동 중 하나는 바로 자녀 양육이다. 남성도 자녀 양육에 책임이 있는 것으로 여겨졌으며 때로는 아이 돌보는 일을 하기도 했다. 하지만 자녀 양육을 담당한 대부분의 노동자는 아마도 여성이었을 것이다.

그리고 보살핌이 필요한 아기의 수도 많았다! 신약 시대에는 인구 규모가 안정적이었지만 아동 사망률이 높아 전체 아동의 약 절반이 5세 이전에 사망했다. 물론 그 이후에도 여러 다양한 이유로 노년기에 이르지 못하고 사망하는 사람들이 많았다. 따라서 학자들은 전체 인구수가 안정적이었다면 여성 한 명이 평균 5-6회의 임신을 했을 것으로 추정한다.

일부 여성은 보수를 받고 유모로 일했다. 가정에서는 다양한 이유로 어린아이를 돌보기 위해 유모를 고용했다. 부유한 가정에서는 어머니가 양육 외에 다른 일을 할 수 있도록 그렇게 하는 경우가 많았다. 또한 산모가 출산 중 사망한 경우에도 유모가 필요했다(당연히 당시는 유아용 분유가 없던 시절이었다!). 그리고 어떤 사람들은 노예 신분의 아기를 위해(그 아기의 어머니가 가족의 일원이 아닐 경우) 유모를 구했다. 이러한 관행과 고용 조건에 대한 증거를 보여 주는 유모와 관련된 여러 계약서가 지금도 남아 있다.

흥미롭게도 부유한 가정에서는 유모 선택을 자녀의 초기 교육에 중요한 부분으로 여겼다. 예를 들어, 일부 저자들은 유모가 그리스어를 구사하는 것이 중요하게 여겨졌다고 지적한다. 그래야 아이가 어릴 때부터 원어민으로부터 언어를 배울 수 있기 때문이다. 어떤 사람들은 유모가 강인한 성격을 가져야 한다고 언급하기도 한다. 이처럼 유모는 단순히 아이를 먹이는 것을 넘어 가르치고 양육하는 역할도 담당했다.

일부 여성들은 초등 교사나 중등 교사로 일했다. 이를 언급하는 자료들은 얼마 되지 않지만, 여성이 교사라는 데 놀라움을 표시하는 것은 하나도 없다. 한 여성이 군대에 있는 남편에게 보낸 편지를 보면, 다음과 같이 그를 안심시키는 내용이 나온다. "아이들은 걱정하지 마세요. 아이들은 건강하고 여자 선생님의 [수업을] 잘 듣고 있어요."[1] 그리고 헤르미오네라는 여성의 장례 초상화를 통해서는 그가 문법과 문학을 가르치는 교사였음을 확인할 수 있다.

가정 관리

여성들은 가정을 관리하기 위해 많은 노동을 투입했다. 우리가 2장에서 살펴본 것처럼 가정 관리는 여성의 일로 여겨졌다. 로마의 큰 저택인지, 아니면 작은 시골 농장인지에 따라 일의 내용은 크게 달랐지만, 가정 관리는 많은 여성이 활발히 참여했던 노동이었다.

하지만 가사 노동은 오늘날과는 다른 종류의 일을 수반했다. 오늘날에는 집을 관리하고 아이를 돌보는 여성은 종종 '일하지 않는' 혹은 '집 밖에서는 일하지 않는' 사람으로 여겨진다. 그들은 다른 사람들처럼 직장에 출근하지 않고, 고용되어 있지 않기 때문이다. 이러한 인식으로 인해 고대 여성과 그들의 가정 관리 업무에 대한 우리의 시각은 왜곡되기가 쉽다. 하지만 당시는 오늘날과 상황이 달랐기 때문에, 우리는 고대 사람들이 여성의 일을 어떻게 바라보았는지 살펴볼 필요가 있다.

고대인들은 가정, 또는 '사적' 영역에 대해 생각할 때 가족 구성원을 먹이고 입히는 것뿐만 아니라 가족의 모든 사업과 사회적 노력도 함께 생각했다. 사업은 '사적' 삶의 일부로 여겨졌다. 따라서 비록 고대인들이 '여성의 일'이 가정에 집중된 것으로 생각하긴 했지만, 이는 오늘날 우리가 집안일로 간주하는 것보다 훨씬 많은 일을 포괄했다.

2장에서 가족 사업에 관해 지시하는 편지를 쓴 디오게니스라는 여성을 떠올려 보자. 그는 남성 일꾼에게 밀을 팔고, 청동을 모으고, 빚진 사람에게서 돈을 돌려받고, 모직물을 털어 내고, 아이들을 돌보라고 지시했다. 오늘날 우리는 마지막 두 가지를 가정 관리의 일부로 간주하지만, 고대 사람들은 처음 세 가지 항목도 가정 관리로 여겼다. 여성의 가정일에는 사업상의 일도 포함되었다.

"여성의 가정일에는 사업상의 일도 포함되었다."

다음은 이집트의 또 다른 예다. 타이스라는 여성은 자신의 사업 관리를 돕기 위해 고용한 티그리오스에게 다음과 같은 편지를 썼다. "올 때 채소 씨 여섯 바구니를 꺼내서 자루에 밀봉하여 준비해 주고, 가능하다면 올라가서 당나귀를 찾아 주시게. 사라포도라와 사비노스가 그대에게 문안하네. 내가 없을 때 새끼 돼지들을 팔지 말게. 잘 지내기를."[2] 이 경우에도 이 여인은 가족의 생계와 관련된 문제를 어떻게 처리할지에 대한 지침을 보내고 있다. 타이스가 집에 있었을 때는 간편히 티그리오스에게 구두로 이런 말을 전했겠지만, 우리에게는 그와 관련한 기록이 없다. 따라서 이러한 편지를 통해 여성이 자신의 책임으로 여겼던 일의 종류에 관한 통찰을 얻을 수 있다.

부유한 여성일수록 일을 도와줄 사람이 많았지만, 그만큼 관리해야 할 사업 거래도 더 많았고 규모도 더 컸다. 베수비오 화산이 폭발하여 화산재로 뒤덮이는 바람에 보존된 로마 도시 폼페이에는 다음과 같은 표지판이 보존되어 있다. "스푸리우스 펠릭스의 딸인 율리아 펠릭스의 사유지에서 임대 중인 건물: 상류층을 위한 우아한 목욕탕, 상점과 그 위의 방들, 2층 공동주택."[3] 율리아는 많은 재산을 소유하고 있었는데, 이 임대 안내문을 통해 우리는 그가 가정에서 처리해야 하는 일들의 한 단면을 볼 수 있다.

토지를 소유한 일부 여성들은 벽돌 만드는 사업에 뛰어들었다. 이 시기에는 웅장한 건물이 많이 세워졌고 벽돌 제조는 큰 사업이었다. 벽돌 제조자들은 종종 벽돌에 소유주와 생산 관리자의 이름이 포함된 인장을 찍었다. 소유주 중 일부는 여성이었으며 관리자도 마찬가지였다. 따라서 이 예를 통해 알 수 있는 것은, 토지 소유가 여성이 자신의 토지를 자원으로 삼아 사업을 발전시킬 수 있는 기회가 되었다는 점이다.

부유한 가정에서는 일을 완수하기 위해 노예들의 노동력을 활용했다. 이러한 가정을 운영하는 여성은 남편과 함께 노예의 주인인 경우가 많았다. 이 여성들의 업무 중 하나는 가정 내 노예 구성원들의 노동을 관리하는 것이었다.

노예 여성들이 가졌던 직업 중 일부는 그들의 이름과 직업이 적힌 묘비문을 통해 알려져 있다. 많은 이들은 자유인 여성의 개인

시녀였다. 미용사는 당시 유행했던 정교한 헤어스타일 때문에 중요한 역할을 담당했다. 이러한 헤어스타일을 하는 것 자체가 신분을 나타내는 표시였다. 왜냐하면 이러한 스타일을 만들고 유지하는 데 많은 여가 시간이 필요했고, 또 이러한 목적을 위해 시간을 할애하는 노예를 소유할 수 있어야 했기 때문이다. 비문에 기록된 또 다른 직업으로는 '베스티플리카이'(vestiplicae, 옷을 관리하는 사람들)와 '페디세쿠아이'(pedisequae, 안주인을 위해 심부름을 하거나 외출할 때 동행하는 사람들)가 있다. 남성 노예들이 가정 내에서 사무직을 맡는 것이 더 일반적이었지만 여성도 때때로 이러한 일을 했다.

기타 직업들

일부 여성의 직업은 우리가 전통적으로 여성의 일이라고 생각하는 것들인데, 단지 규모가 더 컸을 뿐이다. 예를 들어, 옷감 생산이 가정에서 공장으로 옮겨 가면서 여성들은 방적공과 직물 노동자로 일했다. 일부 여성은 공장과는 별개로 일하면서, 지역의 가정들과 계약을 맺고 실을 제공하거나 옷을 만들거나 수선하는 일을 했다.

"여성들은 다양한 직종에 종사했다."

하지만 여성들은 일반적인 집안일을 단순히 확장한 직업을 넘어 다양한 직종에 종사했다. 그들 중에는 모자이크 제작자, 보석 세공인, 음악가, 가수,

배우가 있었다. 많은 여성이 시장에서 농산물과 육류 및 기타 제품을 판매했다. 일부 여성은 식당을 소유하고 운영했다.

어떤 직업은 오늘날의 우리에게 놀라움을 주기도 한다. 예를 들어, 우리는 여성은 산파였을 것이라 생각하지만, 그들 중에는 의사와 치료사도 있었다. 한 묘비문에는 다음과 같은 말이 적혀 있다. "루키우스 비비우스 멜리토의 딸이자 의사였던 프리밀라를 위하여. 그는 44년의 생애 동안 루키우스 코에케이우스 압토루스와 불화 없는 30년을 함께했다. 압토루스는 순결한 최고의 아내와 자신을 위해 이 비석을 세웠다."[4] 다른 많은 비문들은 단순하게 여성의 이름과 함께 다음과 같이 그의 직업을 기록하고 있다. '의사.'

몇몇 비문과 문학 작품은 여성 검투사와 운동선수를 기념한다. 사진 1은 두 명의 여성 검투사가 싸우는 모습을 보여 주며, 비문은 그들이 얻은 자유를 기념하는 내용이다. "아마존과 아킬리아는 형 집행 유예를 받았다."[5]

이러한 직업들은, 누군가가 그 직업을 명예로운 것이라고 생각하고 시간을 내어 돌에 새겨 기념했기 때문에 오늘날 우리에게 알려진 경우가 많다. 반드시 그렇게 할 필요는 없었음에도 불구하고 많은 여성들의 비문에서 그들의 직업이 언급되었다. 사람들이 이런 방식을 통해 여성들을 기억하기로 선택했다는 사실은 그들의 직업이 자부심의 원천이었음을 시사한다. 다른 자료에서도 이와 유사하게 여성들의 직업적 우수성을 기리는 내용이 있다. 예를 들어, 그리스 델포이 시의 한 비문에는 실력이 뛰어난 여성 하프 연주자를 기리는 내용이 담겨 있다. 이러한 비문들은 전체적으로

사진 1. 여성 검투사를 묘사한 대리석 부조

대영 박물관

볼 때 사회가 다양한 직종에 종사하는 여성들을 인정했다는 생각을 강화한다.

이러한 자료들은 우리에게 여성들의 직업 생활이 어떠했을지에 대한 실마리 정도를 줄 뿐이다. 하지만 이 자료들은 여성들이 다양한 직종에서 일했고, 자기 일에 자부심을 가졌으며, 사람들이 여성들의 탁월함을 높이 평가하고 박수를 보냈다는 사실을 분명하게 전달한다. 그 어떤 자료에서도 여성이 집 밖에서 일하는 것을 비난하거나 그것이 일반적이지 않다는 점을 암시하는 내용은 찾아볼 수 없다. 실제로 도시와 가정은 이 시기의 일반적 수준의 경제적 번영을 이루기 위해 여성의 노동력에 의존했다.

신약성경에 나타나는 여성의 직업

대부분의 경우, 신약성경의 이야기는 여성이 어떤 일을 했고 어떤 직업을 가졌는지 말해 주지 않는다. 일부 본문은 우리가 여성의 가사 노동에 대해 가지는 인상을 강화한다. 예를 들어 마르다는 저녁 식사를 준비하며 예수님을 섬겼고(눅 10:38-42; 요 12:1-8), 베드로의 장모는 예수님이 자신의 병을 고쳐 준 이후 그분의 시중을 들었다(막 1:29-31). 모두 가정이라는 배경에서 일어난 이 일들은 여성에게 가사의 역할을 부여한다.

그러나 여성이 가정 밖에서 했던 일도 문화적으로 중요하게 여겨졌으며, 신약성경의 최초 독자들은 아마도 이 여성들이 모두 어느 정도는 어떠한 일을 했으리라 생각했을 것이다. 사마리아 여인(요 4:7-26)이나 가나안 여인(마 15:21-28)은 생계를 위해 어떤 일을 했을까? 같은 차원에서 예수님의 어머니 마리아는 어떤 일을 했을까? 아니면 그의 친척 엘리사벳은? 이 여성들의 직업은 언급되지 않는다. 하지만 당시의 사회적 현실은 이들 모두 자신의 가족과 지역사회를 위해 열심히 일했을 것임을 시사한다.

몇몇 본문만이 여성의 노동을 명시적으로 언급하는데, 다음 본문들을 읽고 신약성경에서 여성과 그의 노동이 어떻게 나타나는지 생각해 보라.

루디아를 만난 바울

누가는 사도행전 16장에서 바울이 루디아를 만날 때 그에 대해 몇 가지 세부 사항을 언급한다.

> 안식일에 우리가 기도할 곳이 있을까 하여 문밖 강가에 나가
> 거기 앉아서 모인 여자들에게 말하는데, 두아디라 시에 있는
> 자색 옷감 장사로서 하나님을 섬기는 루디아라 하는 한 여자가
> 말을 듣고 있을 때 주께서 그 마음을 열어 바울의 말을 따르게
> 하신지라. 그와 그 집이 다 세례를 받고 우리에게 청하여
> 이르되, 만일 나를 주 믿는 자로 알거든 내 집에 들어와 유하라
> 하고 강권하여 머물게 하니라(행 16:13-15).

1. 이 여성은 어떤 일을 하고 있었는가?

2. 누구와 함께 일했는가?

3. 이야기의 어떤 세부 사항이 흥미롭게 다가오는가? 또 어떤 부분에 대해 더 알고 싶은가?

브리스길라

사도행전은 브리스길라에 관한 간단한 정보도 제공한다.

그 후에 바울이 아덴을 떠나 고린도에 이르러 아굴라라 하는 본도에서 난 유대인 한 사람을 만나니, 글라우디오가 모든 유대인을 명하여 로마에서 떠나라 한 고로 그가 그 아내 브리스길라와 함께 이달리야로부터 새로 온지라. 바울이 그들에게 가매 생업이 같으므로 함께 살며 일을 하니 그 생업은 천막을 만드는 것이더라(행 18:1-3).

1. 이 여성은 어떤 일을 하고 있었는가?

2. 누구와 함께 일했는가?

3. 이야기의 어떤 세부 사항이 흥미롭게 다가오는가? 또 어
   떤 부분에 대해 더 알고 싶은가?

다비다

마지막으로 고찰해 볼 한 가지 예는 사도행전 9장에 나오는
다비다의 이야기다.

욥바에 다비다라 하는 여제자가 있으니 그 이름을 번역하면
도르가라 선행과 구제하는 일이 심히 많더니, 그 때에 병들어
죽으매 시체를 씻어 다락에 누이니라. 룻다가 욥바에서
가까운지라 제자들이 베드로가 거기 있음을 듣고 두 사람을
보내어 지체 말고 와 달라고 간청하여 베드로가 일어나 그들과
함께 가서 이르매 그들이 데리고 다락방에 올라가니 모든
과부가 베드로 곁에 서서 울며 도르가가 그들과 함께 있을 때에
지은 속옷과 겉옷을 다 내보이거늘 베드로가 사람을 다
내보내고 무릎을 꿇고 기도하고 돌이켜 시체를 향하여 이르되
다비다야 일어나라 하니 그가 눈을 떠 베드로를 보고 일어나
앉는지라. 베드로가 손을 내밀어 일으키고 성도들과 과부들을
불러들여 그가 살아난 것을 보이니 온 욥바 사람이 알고 많은
사람이 주를 믿더라(행 9:36-42).

1. 이 여성은 어떤 일을 하고 있었는가?

2. 누구와 함께 일했는가?

3. 이야기의 어떤 세부 사항이 흥미롭게 다가오는가? 또 어떤 부분에 대해 더 알고 싶은가?

사회적 영향력과 지위

2

5. 후견인

바울이 뵈뵈를 묘사할 때 사용하는 단어 중 하나는 바로 '후원자'
다. "그는 나를 포함한 많은 사람의 후원자이기 때문입니다"(NIV).
이 단어가 바울의 최초 독자들에게 어떤 의미였을지 이해하는 데
도움이 되는 고대 세계의 많은 증거가 있다. 뵈뵈는 여러 남성과
여성을 돕는 후견인이었는데, 이는 1세기에 매우 흔히 볼 수 있는
역할이었다.

　　바울 자신도 뵈뵈를 로마 교회에 소개함으로써 뵈뵈의 후견인
역할을 한다. 편지를 쓸 당시 로마에 가 본 적이 없었지만 이미 그
곳 사람들에게 잘 알려져 있던 그는 이렇게 편지한다. "너희는 주
안에서 성도들의 합당한 예절로 그를 영접하고 무엇이든지 그에게
소용되는 바를 도와줄지니"(롬 16:2). 바울은 자신이 가진 영향력을
이용해 뵈뵈를 소개하고 뵈뵈가 따뜻한 환대를 받도록 한다.

후견인은 어떤 일을 했을까? 고대 독자들은 이미 그 질문에 대한 답을 알았고, 신약 본문을 읽을 때 그 지식을 사용했을 것이다. 우리 사회에도, 예를 들어 박물관에 기부하거나 속한 도시의 오케스트라 시즌권을 구입하는 등 예술을 후원하는 후견인이 있다. 고대 세계에서 후견 활동은 오늘날의 후원 개념보다 더 넓은 범위의 행동을 포괄했으며, 사회가 기능하는 방식에 오늘날보다 더 기초적인 역할을 했다. 따라서 후견인에 대한 사람들의 기대에 대해 더 많이 알게 된다면 뵈뵈를 비롯한 신약의 여성들이 어떤 일을 했을지 더 잘 알 수 있을 것이다.

후견인의 다양한 활동

신약 시대의 사회적 상호작용은 후견-피후견 관계에 의해 강하게 형성되었다. 간단히 말해, 피후견인은 자신을 도와줄 수 있는 (높은 지위의) 후견인과 관계를 맺은 낮은 지위의 사람들이었다. 후견인은 대출이나 사업상 거래를 통해, 그리고 소개 편지를 작성하고 정치적 영향력을 빌려주는 등의 방식으로 도움을 제공했다. 이에 대한 보답으로 피후견인은 후견인에게 경의를 표했다. 한 사람이 후견인인 동시에 피후견인인 경우도 흔했다. 그들은 사회적 지위가 높은 사람들과 관계를 맺는 동시에 자신보다 지위가 낮은 사람들에게 사회적 인맥과 영향력을 제공하기도 했다.

여기서 가장 중요한 것은 피후견인이 후견인에게 경의를 표하는 것이었고, 사람들은 이 명예를 매우 중요하게 여겼다. 누군가에게 경의를 표하는 것은 그 사람의 사회적 지위를 부각시키는 방법이었으며, 그것에는 다양한 방법이 있었다. 예를 들어, 피후견인은 개인적인 상호작용을 통해 반복적으로 후견인에게 존경의 마음을 표했다. 피후견인이 후견인을 방문하는 행위는 경의를 표하는 일종의 사회적 소명 같은 것이었다. 그리고 이미 여러 번 살펴본 바와 같이 사람들은 선물을 통해 다른 사람에게 경의를 표했는데, 여기에는 받는 사람의 명예를 모두가 보도록 공개적으로 선포하는 비문도 포함된다.

우리의 가상 인물인 마르쿠스와 파울라를 통해 구체적인 후견 활동 사례를 살펴보자. 마르쿠스는 생전에 사람들을 돕는 것을 좋아하는 선량한 사람으로 인정받았다. 그에게는 그와 좋은 관계를 유지하기 위해 종종 찾아오는 많은 사업 동료와 이웃이 있었다. 때때로 그들은 마르쿠스에게 도움을 요청하기도 했다. 예를 들어, 마르쿠스의 농작물을 시장으로 운반하던 한 남자가 화재로 마차를 잃자 마르쿠스는 그에게 새 마차를 구입할 수 있도록 돈을 빌려주었다. 그 남자는 마르쿠스에게 돈을 갚았을 뿐만 아니라, 친구나 이웃에게 그에 대해 좋게 이야기하고 항상 그에게 가능한 한 가장 싼 요금을 부과하는 등 마르쿠스에게 고마움을 표시했다.

이것만 보면 마르쿠스만이 모든 사람이 찾는 후견인이라고 생각할 수 있다. 하지만 파울라 역시 많은 수확을 내는 농장을 소유하고 있었다는 사실을 기억하라. 실제로 파울라의 과수원은 이 지역에서 최상의 사과와 대추야자를 생산했다. 그리고 인근 마을에서 파울라의 농산물을 판매하는 행상인이 있었는데, 그가 다른 곳에서도 판매를 늘리고 싶어 하자 파울라는 그 행상인의 마을에 사는 자기 사촌에게 소개 편지를 써주었다. 행상인은 편지를 들고 사촌을 방문했고, 결국 사촌과 이웃 농장 사람들 모두에게 농산물을 판매할 수 있게 되었다.

이와 같은 관계는 고대 사회가 기능하는 데 필수적이었다. 사람들은 상대방이 보답할 것이라는 기대를 가지고 서로를 돕는 사회적 동맹을 맺었다. 상류층 사람들은 돈이 있었고 권력자들과 연결되어 있었다. 하층 계급 사람들은 그런 것들로 보답할 수는 없었지만, 충실한 사업 파트너가 되어 후견인에게 충성심을 보일 수 있었다.

> "여성들은 후견인으로서
> 남성들과 거의 동일한 역할을
> 수행했다."

여성들은 후견인으로서 남성들과 거의 동일한 역할을 수행했다. 후견인의 한 가지 역할은 대출이 필요한 피후견인에게 대출을 제공하는 것이었다. 이집트의 일부 문서에는 여성들 간의 대출이 기록되어 있다. 예를 들어, 이집트의 한 파피루스에는 한 여성에게 372드라크마를 빌린 두 여성과 관계된 법적 합의가 기록되어 있다.[1] 이 경우 돈을 빌려준 여성은 다른 두 여성의 후견인 역할을 했다.

시민적 후견 활동

개인뿐 아니라 도시 또는 시민 단체를 후견하는 역할도 있었다. 이 시기 도시들은 도시 미화 작업, 공중목욕탕과 극장 및 그곳에서 열리는 공연 등 공적 편의 시설을 제공하는 프로젝트를 수행하기 위해 부유한 사람들에게 의존했다. 재산을 가진 남성과 여성 모두 이러한 기부 활동을 통해 도시의 후견인이 될 수 있었다. 부유한 여성이 참여하는 후견 활동은 재산 소유의 자연스러운 연장이었다. 사회적 규범은 재산을 가진 사람이 가문과 지역사회 전체를 위해 재산을 사용하도록 장려했고, 남녀 모두 후견인으로 활동하며 지역사회에서 사회적 지위 상승이라는 보상을 받았다.

시민적 후견 활동에는 사제 역할과 신들을 위해 신전이나 축제에 필요한 자금을 대는 일도 포함되었다. 신약 시대에는 정교분리 개념이 존재하지 않았고, 오히려 신들은 도시를 보호하고 혜택을 주는 존재로 이해되었기 때문에 종교는 시민 생활의 중요한 부분이었다. 부유한 후견인은 사제로 봉사하거나, 특정 신을 기리는 연례 축제에 자금을 기부하거나, 신전 건물을 개선하거나 새 건물을 기부할 수 있었다. 지위가 낮은 사람들도 신전 전체는 아니지만 모자이크 바닥의 일부만이라도 기부하여 후견인이 될 수 있었다. 이러한 모든 기부는 종교적 헌신의 한 형태일 뿐만 아니라 시민적 선에 대한 기여로 여겨졌다.

시민 단체는 어떤 일을 하든 모일 수 있는 장소와 소규모 자금이 필요했다. 대부분 그들의 지역이나 직업 분야, 종교가 필요로 하는 것들을 지원하는 단체였다. 예를 들어, 전문직 길드는 조직적인 노력을 통해 해당 분야의 복지와 사회적 지위 향상을 도모했다. 조합들은 종종 사망한 구성원들을 기리기 위해 자원을 모으기도 했다. 비록 여성들이 이러한 길드의 공식 회원으로 등재된 경우는 드물었지만, 그들은 길드의 후원자나 때로는 리더로서 명예를 얻기도 했다.

기부자의 이름과 선물이 돌에 새겨져 남아 있는 경우가 많았기 때문에 오늘날에도 이러한 형태의 기부에 대해 알 수 있다. 사실 비문은 지역사회와 피후견인이 후견인을 기리는 실질적인 방법 중 하나였다. 우리가 이미 살펴보았던 유니아 루스티카, 움미디아 퀴드라틸라, 클라우디아 메트로도라가 바로 그러한 예이며, 이 시기 로마제국 전역에서 만들어진 남성과 여성 기부자 모두를 기리는 유사한 기념비들이 많이 남아 있다. 많은 비문이 중요한 사회적·종교적 직위를 가진 사람들이 수행한 대규모 프로젝트를 칭송했으며, 영향력이 적은 사람들의 작은 기부 활동을 기록한 비문들도 있다.

플라비아 암몬은 소아시아 출신의 부유한 여성으로 그 지역 엘리트 계층의 일원이었다. 그는 다음과 같은 비문을 통해 명예를 얻었다. "테타데스 부족이 아리스티온이라 불리는 모스쿠스의 딸 플라비아 암몬에게 바칩니다. 에베소 아시아 신전의 여사제이자 의장이며, 두 차례 스테파네포로스를 역임하였고, 마실리아의 여사제이며, 운동경기의 의장이자, 플라비우스 헤르모크라테스의 아내인 플라비아 암몬의 탁월하고 품위 있는 삶과 거룩함을 기리며."[2] 플라비아는 '의장'이라는 단어와 '스테파네포로스'(*stephanēphoros*, 일종의 시 행정관)라는 단어에서 알 수 있듯이 도시의 여러 직책을 맡았다. 그는 또한 운동경기의 후견인이었으며 두 개의 종교 직책을 맡기도 했다.

플라비아보다 돈이 적고 사회적 지위가 낮은 여성들도 나름의 방식으로 후견인이 될 수 있었다. 예를 들어, 한 비문에는 사프리키아라는 유대인 여성이 150피트 길이의 모자이크를 기부했다는 기록이 있다.[3] 그리고 폼페이

> "돈이 적고 사회적 지위가 낮은 여성들도 나름의 방식으로 후견인이 될 수 있었다."

에서는 여성들이 특정 후보자의 당선을 지지하는 정치 포스터 제작을 후원하기도 했다. "카프라시아는 님피우스를 비롯한 그의 이웃들과 함께, 조영관(로마 시대에 공공건물, 도로, 시장 등을 관장하던 직책—옮긴이) 직에 출마한 아울루스 베티우스 피르무스에게 투표해 줄 것을 요청한다. 그는 그 직책에 합당한 사람이다."[4] 이 포스터는 와인 가게 한쪽에 붙어 있었고 아마도 카프라시아는 그 가게의 주인이었을 것이다. 비록 부유하지는 않았지만 그는 자신의 목표를 달성하기 위해 자신이 가진 영향력과 자원을 활용했다.

여성 후견인을 기리는 많은 비문들이 남성에게 사용된 것과 동일한 용어로 그 역할을 나타낸다. 예를 들어 플라비아가 지녔던 의장과 스테파네포로스는 남성에게 부여되었던 것과 동일한 칭호다. 여성들은 행정관, 사제, 후견인 등의 역할을 수행했고, 신실하고 도시에 충성하는 인물로 칭송받았다.

하지만 여성을 지칭하는 어휘 중에는 독특한 것도 있었는데, 예를 들어 여성은 '회중의 어머니' 또는 '도시의 딸'로 칭송받았다. 비록 이러한 호칭이 남성에게 주어지지는 않았지만, 여성이 그들을 위해 수행해 준 중요한 역할에 대한 해당 단체의 감사의 마음을 전달한다.

이 모든 것을 염두에 두고 마르쿠스와 파울라의 가족으로 돌아가 이러한 후견 활동이 어떻게 이루어졌는지 상상해 보자. 마르쿠스가 사망하고 몇 달 후, 파울라는 마르켈라에게 마을의 유명한 신전의 사제로 봉사하도록 지원하라고 권유했다. 그가 사제가 되면 신의 보호를 기리는 그해의 축제에 자금을 지원하게 된다. 그리고 마을을 지나는 행렬의 선두에 서고 첫 번째 희생 제물을 바치게 된다. 마르켈라는 사제직을 수행하면서, 시민 정신으로 자신이 사는 마을에 충실한 사람이라는 명성을 쌓을 수 있을 것이다.

남성과 여성 모두 사제로 봉사할 수 있었는데, 마르쿠스와 파울라도 이전에 사제로 활동한 적이 있었다. 사제직은 매년 마을 남성 주민들의 투표로 선출되었다. 마르켈라는 지역의 벽돌 제조 길드 동료들과 이야기를 나누었고, 그들은 마르켈라에게 투표하기로 동의했다. 그들은 마르켈라의 관대함을 높이 평가했고, 그가 사제직을 맡으면 벽돌 제조자들이 관심을 받게 되어 그들 모두에게 유익이 될 것임을 알았다.

마르켈라는 지지자들과 가족들의 환호 속에 선출되었다. 이를 축하하기 위해 벽돌 제조 길드는 신에게 헌신한 마르켈라(그리고 그의 아버지)를 칭송하는 비문을 신전에 세울 것을 제안했다. 그

에 대한 답례로 마르켈라는 비문 제작 비용을 부담하겠다고 제안
했다.

고대 도시가 어떤 혜택을 제공하
기 위해서는 시민적 후견 활동이 필수   "고대 도시가 어떤 혜택을
적이었다. 후견인들은 자신이 가진 자   제공하기 위해서는 시민적
원을 사용하여 도시를 발전시켰으며,   후견 활동이 필수적이었다."
지도자의 지위를 획득하고 대중의 칭
송을 받으며 명예를 누렸다. 신약 시대
에는 여성과 남성 모두 후견인의 역할을 했다.

시민적 리더십을 발휘하는 여성

여성이 도시에서 이렇게 중요한 역할을 했다는 것은 우리에
게 놀라운 사실일 수 있다. 우리는 일반적으로 고대 여성은 공적
역할을 수행하지 않았다고 들어 왔고, 문화적 규범에 따라 여성에
게 '집안일'을 맡기는 것이 일반적이었던 것도 사실이다. 하지만
고대 사람들은 여성이 가정 내에서 맡은 역할이 도시에서 지도자
로 활동하는 일을 제한한다고 생각하지 않았을 것이다.

로마 시대에 '공적'(public)이라고 간주된 것은 사실 입법이나
사법 기관이라는 매우 좁은 영역에 한정되었고, 여성이 이러한 직
책을 맡은 경우는 매우 드물었던 것이 사실이다. 반면에 상업, 정
치적 로비, 도시의 이익을 위한 사회적 영향력 행사는 모두 고대인

들이 '사적'(private)이라고 간주한 것들이다. 우리는 앞서 가족 사업이 여성에게 적합한 일로 여겨지는 가정 영역의 일부였다는 점을 살펴보았다. 후견인으로서의 다양한 역할 또한 여성이 수행하는 일의 일부로 이해되었음이 밝혀졌다. 즉 사제로서 마르켈라가 맡은 역할과 그를 기리는 비문을 본 고대인은 그가 여성으로서 일반적이지 않은 일을 했다고 생각하지 않았을 것이다.

비록 여성이 가정과 연관되어 있긴 했지만, 그렇다고 해서 그들이 집 안에 숨어 지내야 한다는 뜻은 아니었다. 당시에는 '공적'과 '사적'이라는 단어가 활동이 이루어지는 공간을 구분하는 단어가 아니었다. '공적' 활동은 국가를 위하는 행동이었고, '사적' 활동은 개인이나 가족을 위해 취하는 행동이었다. 실제로 로마인들이 '공적'이라고 정의한 활동 중에는 가정 안에서 이루어지는 것도 있었다. 그리고 앞서 살펴본 바와 같이, 일부 사적인 이해관계들은 가정 밖에서 일들을 처리할 것을 요구했다.

따라서 시민적 후견 활동은 여성들이 당연히 관심을 가지는 문제였는데, 이 사실은 오늘날 우리에게 직관적으로 다가오지 않는다. 우리에게는 사업과 사회적·정치적 영향력이 '공적'인 것으로 간주되지만, 고대인들에게는 '사적'인 문제였다. 따라서 이러한 활동들은 여성이 일반적으로 속하는 행동 범주 안에 있었다.

따라서 앞으로는 여성에 관한 신약 본문을 해석할 때 '공적'과 '사적'이라는 표현을 배제하는 편이 도움이 될 것이다. 오늘날 이 단어들은 의미가 너무 달라져서 뜻을 명확하게 하기보다는 혼란을 야기한다. 여성이 좁은 '사적' 영역에만 속해 있었다는 전제는 오해이며, 이는 우리가 비문을 통해 알게 된 것처럼 여성이 중요한 역할을 했다는 사실을 인정하는 데 방해가 될 수 있다. 그래서 나는 여성의 참여에 대해 이야기할 때 '공적'이라는 표현이 아닌 '시민적'(civic)이라는 표현을 썼다.

기억해야 할 가장 중요한 점은 이러한 직책을 맡은 여성들이 어떤 규범도 어기지 않았다는 것이다. 사실상 그들은 자신의 사회적 지위와 부를 활용하여 도시나 시민 단체에 도움이 되는 일을 함으로써 지역사회가 바라는 바를 실천하고 있었다.

신약 여성들의 후견 활동

신약성경의 최초 독자들은 이러한 사회적 패턴에 익숙했을 것이다. 우리는 사도행전 19장의 에베소 은세공인들이 바울의 가르침이 퍼져 나가면서 아르테미스 신상에 대한 수요가 줄어들까 걱정하는 장면에서 동업조합이 작동하는 모습을 볼 수 있다. 은세공인들은 자신들의 생계뿐 아니라 아르테미스 신전으로 널리 명성을 떨쳤던 그들의 도시 에베소에 대한 걱정도 하고 있다. 이 이야기를 읽은 고대 독자들은 항의하는 은세공인들을 단합시키는 데 도움이 된 사회적 연결망을 이해했을 것이다.

초기 독자들은 여성이 후견인으로서 수행한 사회적 역할도 이해했을 것이다. 부를 가진 여성은 지역사회에서 영향력을 행사했다. 그들은 종종 남성과 동일한 이름의 직책을 맡았고, 지역사회는 그들의 지원에 의존했다. 하층 계급 여성들도 덜 권위 있는 역할을 맡았고 적은 분량으로 기부했다. 초기 독자들은 신약성경의 여성에 대한 묘사에서 이러한 개념이 반영된 것을 보았을 것이다.

예를 들어, 버니게는 사도행전 마지막 부분에 등장하는 높은 지위의 여성이었다. 예루살렘에서 바울의 간증을 들은 엘리트 관리들과 함께 온 버니게는 이렇게 소개된다. "수일 후에 아그립바 왕과 버니게가 베스도에게 문안하러 가이사랴에 와서"(행 25:13). 베스도는 새로 임명된 로마의 유대 총독이었다. 버니게의 오빠인 헤롯 아그립바 2세는 서기 53년부터 93년까지 이 지역의 통치자였다. 고대 독자들은 이것이 지역 관리들과 막강한 로마 국가 사이의 관계를 원활히 하기 위한 공식 방문임을 이해했을 것이다. 버니게는 정부 관리는 아니었지만 아그립바 왕의 여동생이자 매우 높은 지위에 있던 인물로, 그의 존재는 이 상황에 명예를 더해 주었다.

버니게가 이 이야기에서 언급될 가치가 있는 이유는 그가 엄청난 부와 높은 지위를 가진 사람이었기 때문이다. 고대 독자들은 공식 행사에 등장하는 그와 같은 여성을 보고도 놀라지 않았을 것이다. 실제로 버니게는 사도행전 25:23과 사도행전 26:30-31에서 일행이 바울의 말에 온화하게 응답하는 대목에서 다시 언급된다.

많은 경우 신약성경은 여성이 예수 운동에 어떤 도움을 제공했는지 구체적으로 명시하지 않는다. 하지만 여성의 참여는 언급되어 있고, 초기 독자들은 그들의 문화적 지식을 활용하여 그 공백을 메웠을 것이다. 이제는 우리도 이 본문들을 읽을 때 우리가 얻은 역사적 정보를 활용하여 이야기의 세부 사항을 채워 넣을 수 있다.

다음 본문을 읽고 질문을 활용하여 고대 독자들이 이 여성들의 행동을 어떻게 이해했을지 생각해 보라.

예수님 일행의 여성 후견인들

그 후에 예수께서 각 성과 마을에 두루 다니시며 하나님의
나라를 선포하시며 그 복음을 전하실새 열두 제자가
함께하였고, 또한 악귀를 쫓아내심과 병 고침을 받은 어떤
여자들 곧 일곱 귀신이 나간 자 막달라인이라 하는 마리아와
헤롯의 청지기 구사의 아내 요안나와 수산나와 다른 여러
여자가 함께하여 자기들의 소유로 그들을 섬기더라(눅 8:1-3).

1. 이야기에 관련된 여성들과 그들에 대해 찾을 수 있는 세
   부 정보를 나열해 보라.

2. 여성들이 후견인으로 참여하는 것을 묘사한 단어를 적어
   보라.

3. 누가는 이 여성들이 무엇을 하고 있었는지 구체적으로
   설명하지 않는다. 후견인에 대한 지식을 토대로 볼 때,
   당시 독자들은 이러한 여성 후견인의 활동을 어떻게 이

해했을 것이라 생각하는가?

십자가 현장에 있었던 여성들

다음은 마태가 묘사한 예수님의 십자가 처형 장면이다.

예수를 섬기며 갈릴리에서부터 따라온 많은 여자가 거기 있어
멀리서 바라보고 있으니, 그중에는 막달라 마리아와 또
야고보와 요셉의 어머니 마리아와 또 세베대의 아들들의
어머니도 있더라(마 27:55-56).

1. 이야기에 관련된 여성들과 그들에 대해 찾을 수 있는 세
   부 정보를 나열해 보라.

2. 여성들이 후견인으로 참여하는 것을 묘사하는 단어를 적
   어 보라.

3. 당시 독자들은 이러한 행동을 어떻게 이해했을 것이라
   생각하는가?

뵈뵈를 소개하는 바울

바울의 편지는 뵈뵈를 후견인으로 언급하지만, 로마로 가는 뵈뵈를 위한 추천서 역할을 하기도 한다.

> 내가 겐그레아 교회의 일꾼으로 있는 우리 자매 뵈뵈를
> 너희에게 추천하노니, 너희는 주 안에서 성도들의 합당한
> 예절로 그를 영접하고 무엇이든지 그에게 소용되는 바를
> 도와줄지니 이는 그가 여러 사람과 나의 보호자가
> 되었음이라(롬 16:1-2).

1. 바울이 뵈뵈를 추천하기 위해 이 구절을 포함시켰음을 시사하는 단어들은 무엇인가?

2. 뵈뵈의 후견 활동을 묘사하는 단어들은 무엇인가?

3. 당시 독자들은 이러한 상황을 어떻게 이해했을 것이라 생각하는가?

6. 사회적 영향력

뵈뵈는 바울을 포함한 많은 사람들의 후원자였다. 지난 장에서 우리는 후견인이 했던 다양한 일을 살펴보았다. 그렇다면 후원자로서의 역할은 뵈뵈가 교회에서 사람들과 교류하는 데 어떤 영향을 미쳤을까? 후견인은 어떤 종류의 힘을 가졌을까? 우리는 후원자 역할의 사회적 함의를 고려함으로써 뵈뵈에 대해 더 많은 것을 알 수 있다.

일부 해석자들은 뵈뵈를 후견인이 아닌 '조력자'(helper)로 보았고, 실제로 NASB 성경은 이 그리스어 단어(prostatis, 프로스타티스)를 그렇게 번역한다. 이 단어의 남성형인 프로스타테스(prostatēs)가 분명히 후견인을 의미함에도 불구하고 여성형인 프로스타티스를 '조력자'로 번역하기로 한 번역자들의 결정은, 여성 후견인은 실제로 후견인이 아니라 조력자에 불과하다는 생각을 암시한다. 이 단어를 이런 식으로 번역하기로 결정한 것은 아마도 여성이 일반적으로 수행했던 역할의 종류에 대한 오해를 반영한 것 같다. 우리는 이미 여성 후견인에 관한 많은 사례를 살펴보았으며, 이 장에서는 이러한 여성들이 어떤 종류의 권한을 가졌는지 들여다보고자 한다.

후견 활동과 권력

후견 활동은 상당한 사회적 권력을 확보해 주었다. 후견인은 자신의 사회적 지위를 이용해 가족과 피후견인들을 옹호하고, 피후견인은 충성을 요구하는 사회적 유대를 통해 후견인과 연결되었다. 따라서 후견인은 같은 사회적 계층에 속한 사람들에게 영향력을 행사할 수 있었고, 충성스러운 피후견인들은 필요시 정치적 지지 기반이 되었다.

> "후견 활동은 상당한 사회적 권력을 확보해 주었다."

후견인이 선물과 축제, 대출을 통해 더 많은 명예를 쌓을수록 도시 내에서 더 많은 영향력을 행사할 수 있었다. 후견인을 기리는 비문과 동상은 지역사회에서 그들의 위상을 보여 주는 가시적 상징이었다. 그러한 명예를 얻은 사람들은 다른 사람의 유익을 위해 자신의 권한을 사용한 이들이며, 그 권한을 구체적 방식으로 드러내는 것이 비문이나 동상이었다.

부유한 후견인들은 비공식으로 정치적 권력을 행사하기도 했다. 비록 여성은 재판관이 될 수 없고 지방 의회에서 투표할 수도 없었지만, 남성처럼 동맹자들에게 자신의 의견을 이야기함으로써 진행 절차에 영향을 미칠 수 있었다. 확실히 로마 정부의 최고위층에서 대부분의 권한은 남성이 쥐고 있었다. 하지만 남성들 주변에는 사회적 지위를 이용해 정치적·사회적 사건에 영향을 미치는 고위직 여성들도 있었다.

로마 초대 황제의 아내였던 리비아는 후견인으로서 중요한 새 역할을 개척했다. 그는 대중에게 선물을 주었는데, 이 선물에는 신전 봉헌과 개조 및 보수도 포함되어 있었다. 또한 개인에게 선물을 주기도 하고, 자신의 집에 피후견인들을 초대해 요청을 들어주기도 했다. 역사가 디온 카시오스는 리비아의 아들 티베리우스가 어머니의 힘으로 황제가 되었을 때 겪은 어려움에 대해 기술했다.

> 그는 이전의 그 어느 여성들보다도 높은 지위에 있었기 때문에 언제든지 원로원 의원과 그를 알현하고 싶어 하는 사람들을 집에서 맞이할 수 있었다.···또한 한동안 티베리우스의 서신에 그의 이름도 적혀 있었으며, 모든 전언은 두 사람 모두에게 동일하게 전달되었다. 원로원 회의실이나 막사, 민회에 들어가지 않았다는 점을 제외하고는 그는 마치 자신이 유일한 통치자인 것처럼 모든 것을 관리했다.[1]

리비아가 가진 권한은 비공식적이었지만, 그럼에도 실제적이었다.

어쩌면 당신은 그러한 권한이 소수 여성에게만 국한되어 있었다고 생각할지 모른다. 물론 다른 여성들은 리비아만큼의 부나 영향력을 갖지 못한 것도 사실이다. 하지만 제국의 다른 지역 여성들은 리비아가 보여 준 후견인의 역할을 모방했다. 리비아는 로마 사회에서 일어나고 있던 변화를 이용해 자신만의 새로운

"리비아가 가진 권한은 비공식적이었지만, 그럼에도 실제적이었다."

역할을 만들어 냈지만, 다른 여성들도 이런 역할을 자신의 것으로 받아들이게 되었다. 그리고 여성들의 선물을 통해 혜택을 받은 도시들은 여성의 참여를 지지하고, 여성들에게 감사를 표함으로써 그들의 위상을 높였다.

대부분의 경우, 이러한 후견인의 영향력이 오늘날 남아 있는 증거에는 잘 드러나지 않는다. 하지만 우리는 중요한 축제에서 행렬의 선두에 서거나, 연극이나 경기를 주재하는 여성의 모습을 상상해 볼 수 있다. 지역사회에서 그의 위상을 본 사람들이 접근해, 그의 지위를 가지고 여러 일에 영향력을 행사해 달라고 요청하는 모습도 상상할 수 있다. 이는 후견인들이 흔히 맡았던 역할이다.

그러나 이따금 이런 종류의 영향력과 관련된 직접적 증거가 발견되기도 한다. 예를 들어, 한 비문에는 고린도 시민이자 뵈뵈와 바울의 동시대 인물인 유니아 테오도라의 정치적 옹호 활동을 칭송하는 내용이 있다. 유니아는 아마도 인근 지역인 뤼키아에서 자란 후 성인이 되어 고린도로 이주했을 것이다. 그러다 정치적 위험에 처한 그의 동포들이 그에게 도움을 요청했고 유니아는 그들을 도왔다. 그들은 고린도에 다섯 개의 비문을 세워 유니아를 기렸는데 다음은 그중 하나다.

뭐라 사람들과 그 의회가 고린도의 행정관들에게 문안한다.

귀하의 지역을 여행하고 돌아온 우리 시민들 중 다수가
당신들의 시민이자 루키우스의 딸인 유니아 테오도라에 대해
증언하기를, 특히 우리 사람들이 당신들의 도시에 도착했을 때
그들을 위해 끊임없이 자신을 바쳐 헌신과 열정을 다했다고
한다. 따라서 우리는 우리 도시에 대한 그의 신의를 인정하여
그에게 더없는 존경을 보내며, 동시에 우리 도시의 감사하는
마음을 알리고자 귀하에게 이 글을 쓰기로 결정했다.[2]

이 비문은 유니아가 자신의 동족을 위해 헌신했음을 알려 주
지만, 어떤 식으로 '자신을 바쳤는지'에 대해서는 언급하지 않는
다. 우리는 다른 비문을 보고 유니아가 정치적 분쟁의 시기에 뤼키
아인들을 도왔다는 사실을 알 수 있는데, 유니아는 그들에게 피난
처를 제공하고 그들을 위해 영향력을 행사했다. 뤼키아인들에게
는 자신들을 위해 나서서 도와줄 중요한 인물이 필요했고, 유니아
테오도라가 바로 그 역할을 해 준 것이다. 이에 시 당국은 비문 제
작을 의뢰하고 비용을 지불함으로써 감사의 뜻을 표했다.

유니아 테오도라와 같은 여성은, 남성과 마찬가지로 여성 후
견인에게도 기대되었던 사회적·정치적 참여의 모습을 보여 준다.
사실 이러한 비문들은 빙산의 일각과도 같다. 그것들은 수 세기가
지난 후 우리가 눈으로 볼 수 있는 것들이며, 물 밑에 있는 빙산의
더 큰 부분 즉 이들이 지역사회에서 가졌던 상당한 사회적·정치적
권한은 눈에 보이지 않는다. 하지만 분명한 것은 지역사회에서 누

렸던 이들의 영향력과 지위 때문에 비문 제작이 이루어졌으며, 그
것이 현재까지 남아 우리 눈으로 볼 수 있게 되었다는 점이다.

또 다른 고대 이야기에서도 높은 지위를 가진 여성의 영향력
을 엿볼 수 있다. 로마 역사가 리비우스는 법의 폐지를 주장하기
위해 거리로 나온 여성들에 대한 이야기를 들려준다. (이 사례에 대
해서는 말과 침묵에 관한 장들에서 자세히 설명하겠다.) 리비우스는 여성들
이 원로원 의원들에게 법률에 대한 자신들의 입장을 이야기하고
법 개정을 이끌어 내는 데 성공한 장면을 묘사한다. 여성이 개인을
찾아가 이야기하는 것이 더 일반적인 모습이었기 때문에 거리 집
회는 독특한 사례로 보아야 할 것이다. 그러나 정치적 목적 달성을
위해 영향력을 행사하는 것 자체는 여성에게 드문 일이 아니었다.

또 다른 예는 유대 전통의 것으로, 유딧기에 나오는 이야기다.
나는 1장과 3장에서 유딧이 상속받은 부에 대해 설명하면서 그를
언급했는데, 일반적으로 부에는 사회적 영향력이 따라오기 마련
이다. 이 이야기에서 유딧의 마을은 아시리아 장군 홀로페르네스
와 그 군대의 위협을 받는다. 마을이 차단되어 물이 부족한 상황에
서 마을의 지도자는 하나님이 개입하여 그들을 도와주지 않으시
면 5일 안에 항복하겠다고 선언한다. 유딧은 지도자들이 하나님을
시험하는 것에 분노하여 그들을 자기 집으로 불러 훈계하고 이후
마을을 위험에서 구해 낸다. 여기서 눈여겨봐야 할 점은, 유딧이
마을 장로들을 집으로 소환했을 때 그들이 집으로 간다는 것이다!
그리고 그가 이야기할 때 그들은 유딧의 지혜를 인정한다. 그 누구
도 '당신이 뭔데 우리한테 그런 식으로 말하는 거야?'라든지 '당신

이 상관할 일이 아니잖아!'라고 말하지 않는다. 유딧은 마을의 중요한 여성들 중 한 명으로서 지도자들에게 영향을 미칠 수 있는 사회적 지위를 가지고 있다.

또 다른 놀라운 예는 법적 설득과 관련된 것으로, 2세기 기독교 문헌인 바울과 테클라 행전에 등장한다. 바울의 추종자가 된 젊은 여성 테클라의 이야기는 초기 기독교 신자들 사이에서 매우 인기가 있었다. 실제로 테클라는 성적 절제에 관한 바울의 가르침(참조. 고전 7장)을 따르기 위해 약혼을 파기할 정도로 독실한 사람이었다. 명문가였던 그의 가족과 지역사회는 그러한 결혼 거부를 불충한 행위로 여겼기에 바울의 가르침을 따르던 테클라는 위기에 빠졌다. 그는 총독 앞에 끌려갔고, 놀랍게도 그의 어머니 테오클레이아가 선고를 내렸다. "불법을 행하는 자를 불태워라! 결혼하지 않으려는 자를 극장 한가운데서 불태워라. 그리하여 [바울]의 가르침을 받은 아내들이 모두 두려워하게 하라"(바울과 테클라 행전 20장). 화자는 총독이 이를 불편하게 여겼지만 그럼에도 테오클레이아의 요구를 따랐다고 말한다. 테클라는 비를 내려 불을 끄신 하나님에 의해 구원을 받았다. 여기서 많은 독자들이 어머니가 이런 식으로 반응한다는 사실에 너무 놀란 나머지, 테오클레이아에게 법적 절차의 결과를 결정할 분명한 권한이 있었다는 사실을 간과하기 쉽다.

후견 활동과 사회적 영향력

여성이 행사한 권력은 일반적으로 공식적인 정치권력이 아니었다. 우리는 여성이 이러한 공식적 정치권력의 수단에 접근할 수 있었는지 여부에만 초점을 맞추는 경향이 있다. 왜냐하면 이것이 우리의 맥락에서 매우 중요하기 때문이고, 여성들과 남성들이 투표권과 공직 출마 자격을 확보하기 위해 오랫동안 싸웠기 때문이다. 하지만 사람들이 권력을 행사하는 비공식적인 방법도 많고, 이것은 신약 시대의 남성과 여성 모두에게도 마찬가지였다. 결국 소수의 남성만이 총독이나 왕이 될 수 있었고, 대부분의 사람에게 주어진 정치적·사회적 영향력 행사 방식은 사회적 지위를 이용해 관계를 구축하는 것이었다.

후견인은 사업과 정치에서 자신의 지위를 향상시키거나 친구 및 피후견인을 옹호하려는 목적으로 사회적 연결망을 이용해 다른 사람에게 영향을 미쳤다. "여성도 남성과 함께 명예를 추구했다." 이런 식으로 권력을 사용해 얻을 수 있는 실질적 이익은 바로 명예였다. 후견인은 자신이 돕는 사람들에게 존경을 받았고, 이 시기에 세워진 많은 동상은 후견인들이 얻은 사회적 명예의 구체적 표현이다. 여성도 남성과 함께 명예를 추구했다.

신약성경에 나타난 후견 활동과 영향력

신약성경에서 여성의 정치적 영향력을 확인할 수 있는 일화 중 하나는 세례 요한의 죽음에 관한 이야기다. 마태복음은 요한이 동생의 전처와 결혼한 헤롯을 비판한 이야기를 이렇게 전한다.

전에 헤롯이 그 동생 빌립의 아내 헤로디아의 일로 요한을 잡아 결박하여 옥에 가두었으니, 이는 요한이 헤롯에게 말하되 당신이 그 여자를 차지한 것이 옳지 않다 하였음이라. 헤롯이 요한을 죽이려 하되 무리가 그를 선지자로 여기므로 그들을 두려워하더니 마침 헤롯의 생일이 되어 헤로디아의 딸이 연석 가운데서 춤을 추어 헤롯을 기쁘게 하니 헤롯이 맹세로 그에게 무엇이든지 달라는 대로 주겠다고 약속하거늘, 그가 제 어머니의 시킴을 듣고 이르되 세례 요한의 머리를 소반에 얹어 여기서 내게 주소서 하니 왕이 근심하나 자기가 맹세한 것과 그 함께 앉은 사람들 때문에 주라 명하고 사람을 보내어 옥에서 요한의 목을 베어 그 머리를 소반에 얹어서 그 소녀에게 주니 그가 자기 어머니에게로 가져가니라(마 14:3-11).

헤로디아는 요한을 직접 처형하는 데 필요한 공식적인 정치 권력을 갖고 있지 않았다. 그러나 그는 지위가 높은 여성이었으며, 권력이 준 접근권을 이용해 사건에 영향을 미쳤다. 이 경우 헤로디아는 자기 딸에게 주어진 헤롯의 제안을 요한에 대한 복수의 기회로 보고 요한을 죽이라고 요청했다.

헤로디아와 같은 엘리트 지위를 가진 여성은 거의 없었다. 하지만 다른 여성들도 자신의 사회적 지위와 자원을 활용했으며, 보통 악한 일이 아닌 선한 일을 위해 사용했다. 앞 장에서 우리는 여성이 예수 운동의 후견인으로 언급되는 본문을 공부했다. 그중 두 본문을 다시 살펴보고, 어떻게 영어 성경 번역본들이 이러한 여성의 영향력을 강조하거나 축소하고 심지어 감추어 버렸는지 생각해 보자.

예수님의 활동을 도운 여인들

누가복음 8장은 예수님과 제자들을 도운 한 무리의 여성들을 묘사하면서 그중 몇 명의 이름을 언급한다.

> 그 뒤에 예수께서 고을과 마을을 두루 다니시면서, 하나님의
> 나라를 선포하며 그 기쁜 소식을 전하셨다. 열두 제자가 예수와
> 동행하였다. 그리고 악령과 질병에서 고침을 받은 몇몇
> 여자들도 동행하였는데, 일곱 귀신이 떨어져 나간 막달라라고
> 하는 마리아와 헤롯의 청지기인 구사의 아내 요안나와
> 수산나와 그 밖에 여러 다른 여자들이었다. 그들은 자기들의
> 재산으로 예수의 일행을 섬겼다(눅 8:1-3, 새번역).

때때로 이 본문의 단어들은 다르게 번역되기도 한다. NIV 성경이 '지원하며 돕다'(help to support)로 번역한 단어(개역개정은 '섬기

다'로 번역한다—옮긴이)는 그리스어 디아코네오(*diakoneō*)다. 이 단어는 'deacon'(집사)이라는 영어 단어의 어원이 되는 명사와 관련이 있다. 본문은 여성들이 어떤 종류의 지원을 했는지 구체적으로 명시하지 않지만, '자기들의 재산으로' 그렇게 했다고 말한다. 일부 번역본은 여인들이 예수님의 '시중을 들었다' 또는 '필요한 것을 제공했다'고 표현하고 있다.

다음은 누가복음 8:3에 대한 몇 가지 번역의 예다.

NIV: "헤롯의 청지기 구사의 아내 요안나와 수산나와 다른 많은 여자들이 함께했다. 이 여자들은 자신들의 것으로 그들을 지원하며 도왔다."

NRSV: "헤롯의 청지기인 구사의 아내 요안나와 수산나와 그 밖의 여러 여자들이 있었다. 그들은 자기들의 재산으로 그들에게 필요한 것을 제공했다."

KJV: "헤롯의 청지기 구사의 아내 요안나와 수산나와 여러 다른 여자들이 함께했다. 그들은 자기들이 가진 것을 가지고 예수님의 시중을 들었다."

1. 서로 다르게 번역된 부분 중 중요하다고 생각되는 곳에 동그라미를 치거나 밑줄을 그어 보자.

2. 이 구절에서의 단어 선택이 차이를 만든다고 생각되는가? 만약 그렇다면 오늘날 독자들이 이 여성들의 역할을 이해하는 방식에 어떤 영향을 미치겠는가?

3. 만약 당신이 가진 성경이 여기 제공된 것과 다른 번역본인 경우, 이 구절을 찾아서 적어 보라.

4. 역사적 상황에 대해 당신이 이해한 바에 따르면 어떤 단어 선택이 더 적합하다고 생각하는가?

뵈뵈 집사

로마서 16:1에서 바울은 뵈뵈를 겐그레아 교회의 디아코노스(*diakonos*)라고 묘사하는데, NIV는 이 말을 '집사'로 번역한다. 반면 어떤 번역본은 '종'으로 번역하기도 한다. 2절에서 뵈뵈는 바울을 포함한 '많은 사람의 후원자'다. 일부 번역본은 이를 '많은 사람의 조력자'로 번역하기도 한다.

> NIV: "겐그레아 교회의 집사인 우리 자매 뵈뵈를 추천합니다. 그분의 백성에게 합당한 방식으로 주 안에서 그를 영접하고, 무엇이든 필요한 대로 도와주길 바랍니다. 그는 나를 포함한 많은 사람의 후원자이기 때문입니다."

NRSV: "겐그레아 교회의 집사인 우리 자매 뵈뵈를 추천하니, 성도에게 합당한 방식으로 주 안에서 그를 맞아 주십시오. 그리고 여러분에게 무엇을 필요로 하든 도와주십시오. 왜냐하면 그는 나뿐만 아니라 많은 사람의 후원자이기 때문입니다."

NASB: "겐그레아 교회의 종인 우리 자매 뵈뵈를 추천하니, 성도에게 마땅한 방식으로 주 안에서 그를 영접하고 어떤 일이든 필요한 부분을 도와주십시오. 왜냐하면 그는 나뿐만 아니라 많은 사람의 조력자이기 때문입니다."

1. 서로 다르게 번역된 부분 중 중요하다고 생각되는 곳에 동그라미를 치거나 밑줄을 그어 보자.

2. 이 구절에서의 단어 선택이 차이를 만든다고 생각되는가? 만약 그렇다면 오늘날 독자들이 이 여성들의 역할을 이해하는 방식에 어떤 영향을 미치겠는가?

3. 만약 당신이 가진 성경이 여기 제공된 것과 다른 번역본인 경우, 이 구절을 찾아서 적어 보라.

4. 역사적 상황에 대해 당신이 이해한 바에 따르면 어떤 단어 선택이 더 적합하다고 생각하는가?

7. 교육

바울의 편지를 로마로 전달한 사람은 아마도 뵈뵈였을 것이다. 편지를 쓴 사람이 편지를 전달하는 여행자를 목적지에 있는 사람들에게 소개하며 추천하는 것은 일반적인 일이었다. 그러면 사람들은 그에게 머물 곳을 제공하거나 사업 수행에 도움을 주곤 했다. 많은 해석자들은 뵈뵈가 로마 교회에서 이 편지를 소리 내어 읽었을지 궁금해한다. 이것은 당시의 문화적 패턴에 부합하지만, 뵈뵈가 적지 않은 수준의 교육을 받은 사람이어야 가능한 일이다. 이 시대에 그랬을 가능성이 얼마나 될까? 이 장에서는 여성의 교육과 관련된 패턴을 살펴보자.

문해력과 교육

여자 성인과 아이들이 교육을 받았는가 하는 질문은, 얼마나 많은 사람이 읽고 쓸 수 있었는지와 관련한 더 큰 질문과 연결된다. 만약 많은 사람이 글을 읽고 쓸 수 있었다면 여성도 글을 배웠을 가능성이 높다. 하지만 소수의 엘리트 남성만 교육을 받았다면 아마도 대부분의 여성은 문맹이었을 것이다. 그렇다면 먼저 사람들이 일반적으로 교육을 받았는지 여부에 대해 생각해 보자.

신약 시대의 문해율을 판단하기는 무척 어렵다. 우선 증거 자체가 많지 않고 그중 일부는 서로 상충하거나 불분명하기 때문이다. 얼마나 많은 사람이 읽고 쓸 수 있었는지를 알기가 어려운 이유 중 하나는, 당시에는 서기를 통해 글을 쓰는 것이 일반적이었기 때문이다. 하지만 그렇다고 해서 저자가 글을 읽거나 쓸 수 없었던 것은 아니다. 바울처럼 교육받은 사람들도 서기에게 편지를 받아적도록 했다. 또한 사업 계약서나 대출 서류를 작성하기 위해서도 서기를 이용했는데, 그 이유는 서기가 계약서를 합법적으로 작성하기 위해 어떤 특정 문구를 사용해야 하는지 알고 있었기 때문이다. 따라서 부유한 사람들이 서기를 고용한 것은 글을 쓸 줄 몰라서가 아니었다는 확신은 타당하다.

하지만 하층 계급 사람들도 서기를 통해 편지를 쓰거나 문서를 작성했다. 이 경우에는 발신자의 문해력을 알기가 더 어렵다. 때로는 발신자가 편지의 마지막 인사말을 직접 쓰기도 했는데, 이는 발신자가 글을 적어도 조금이라도 쓸 수 있었음을 분명하게 보여 준다. 때로는 필체가 흔들리는 경우도 있는데, 이는 편지를 쓴 사람이 그리 숙달되지 않았을 가능성을 나타낸다.

역사 기록의 어떤 측면은 문맹률이 매우 높았음을 시사한다. 예를 들어, 많은 법적 문서에서 한쪽 혹은 양쪽 당사자가 문맹이라는 이유로 다른 사람이 대신 서명을 했다. 어떤 문서에는 세가티스라는 여성이 소유한 노예 소녀 타오르세누피스의 견습 계약에 관한 내용이 기록되어 있다. 여기서 세가티스도, 그의 노예를 견습으로 고용한 직조공도 자신의 이름을 쓰지 않고 두 당사자 모두 신뢰할 수 있는 사람을 데려와 계약서에 서명했는데, 각 서명자가 사용한 문구는 비슷했다. "파네프레미스의 아들인 나 파우시리스는 앞서 언급한 기간 동안 기술을 배우러 온 소녀를 받았음을 확인하며, 명시된 각 사항을 이행할 것을 약속한다." 그리고 그의 대리인은 그 아래에 "그가 문맹이므로 나 사타부스가 그를 대신하여 작성하였다"고 적었다.[1] 이처럼 제삼자가 서명한 법적 문서는, 많은 사람이 글을 쓰지 못했거나 스스로 절차를 완료할 만큼 글을 잘 쓰지 못했음을 시사한다.

하지만 여러 문화적 요인들을 살펴보면 교육이 생각보다 더 보편적으로 이루어졌다고도 볼 수 있다. 우선 법적 문서는 흔히 그리스어로 작성되었는데, 사람들의 모국어는 보통 다른 지역의 언어였다. 아마도 (앞의 예에 나오는) 파우시리스는 자신의 이름을 그리스어가 아닌 이집트어로 쓸 수 있었을 것이다. 또 어쩌면 그리스어를 문자로는 쓸 수 없더라도 구어로는 이해할 수 있었을지도 모른다. 따라서 '문맹'이라는 표현을 쓰더라도 그것은 단지 그가 그리스어를 쓸 줄 모른다는 의미일 수 있다.

문해율이 높았음을 시사하는 또 다른 사실은 사회 계층과 관계없이 글쓰기가 사람들에게 중요한 부분이었다는 점이다. 글은 어디에나 존재했으며 사람들의 종교적·사회적·경제적 삶에서 중요한 역할을 했다. 예를 들어, 많은 신전이 글자로 덮여 있었다. 신전 벽이나 기둥 전체가 메시지로 덮여 있었고, 어떤 신전에는 기도문을 써서 말아 놓은 종이를 두는 장소가 있었다. 신전에 적힌 메시지 중에는 치유 받은 것에 대해 신에게 감사하는 내용도 있고, 신에게 했던 서원을 완수했음을 기록한 것도 있다. 사람들의 종교 생활에서 중요했던 이 모든 순간이 글로 기록되었다는 사실은 그들에게 글쓰기가 얼마나 중요했는지를 보여 준다.

또한 사람들은 오늘날과 마찬가지로 물건값을 지불했거나 약속한 물건을 받았다는 증거로 영수증을 사용했다. 만일 당신이 파우시리스에게 돈을 빌렸다가 갚았는데 그가 다음 주에 그 사실을 깜빡 잊고 갚지 않았다고 주장한다면, 두 사람 모두에게 골치 아픈 일일 것이다. 그래서 사람들은 중요한 거래를 기록해 두었다. 이러한 기록의 사례로, 우리는 여성의 지참금을 기록하거나 지참금을 돌려받았음을 증명하는 법적 문서를 1장과 3장에서 살펴보았다.

"글쓰기는 사람들의 삶에서 중요하고 일반적인 부분이었다."

이 모든 것은 글쓰기가 사람들의 삶에서 중요하고 일반적인 부분이었음을 시사한다. 하지만 누가 이 모든 글을 썼는지 언제나 확신할 수 있는 것은 아니다. 개인이 신전 벽에 감사 기도를 직접 썼을까? 친구가 대신 써 주었을까? 아니면 서기에게 돈을 주고 글을 쓰게 했을까? 상점 주인은 영수증을 직접 작성했을까? 아니면 다른 사람이 대신 썼을까? 사람들은 자신이 받은 세금 영수증을 읽을 수 있었을까? 아니면 그저 받은 영수증이 정확하다고 믿었을까? 우리가 가진 증거만으로는 이런 질문에 답할 수 없는 경우가 대부분이다.

그러나 현재까지 남아 있는 글의 양을 보면 글이 사람들에게 중요한 역할을 했다는 것을 알 수 있다. 이는 많은 사람이 글을 읽을 줄 알았거나 적어도 어느 정도의 문해력을 갖추고 있었음을 시사한다. 예를 들어, 당신이 상점 주인이었다면 기본적인 수학 지식과 어느 정도의 읽기 능력이 필요했을 것이다. 계산서를 표로 작성할 수 있어야 했고, 물품과 재고를 관리할 수 있는 체계가 필요했을 것이다. 물론 정치 연설문을 작성하거나 아리스토텔레스를 읽을 필요까지는 없었을 것이다. 따라서 완벽한 문해력은 갖지 못하더라도 직업에 필요한 일을 할 수 있을 만큼은 충분히 교육을 받았을 것이다.

하층 계급의 글도 상당수 남아 있는 것 같다. 그들의 글씨는 생존 가능성이 매우 낮지만, 수 세기 동안 화산재에 뒤덮여 보존된 폼페이 벽의 낙서 등을 통해 그 흔적을 엿볼 수 있다. 어떤 사람들은 자신이 지지하는 공직 후보를 선전하는 정치 공고를 게시하기도 했다. 어떤 이들은 일종의 서비스 광고처럼 비공식적 홍보 글을 썼다. 오늘날처럼 저속한 낙서들도 있었고, 그중에는 사랑 고백도 많았다. 어떤 사람은 지혜의 말이나 인용문을 남겼고, 알파벳 쓰기를 연습한 사람도 있었다. 그 장소와 내용을 보면, 이러한 낙서의 상당수가 엘리트 계층이 쓴 것이 아님을 알 수 있다. 예를 들어, 하층 계급이 자주 찾던 선술집 밖에 붙은 안내문은 그 손님 중 한 명이 쓴 것으로 보인다.

이 모든 글은 또한 글을 읽을 수 있는 독자를 암시한다. 만일 유권자 중 그 누구도 글을 읽을 수 있는 사람이 없었다면 굳이 왜 정치 후보자를 글로 홍보했을까? 굳이 왜 다음 검투사 경기를 광고했을까? 물론 일부 오가는 사람들은 친구나 낯선 사람에게 안내문을 읽어 달라고 부탁했을 수도 있다. 하지만 이러한 안내문들은 대상 독자의 일부가 글을 읽을 수 있다고 가정할 때만 의미가 있다.

문해율이 우리가 생각했던 것보다 높았다고 생각하는 또 다른 이유는 교육이 중요한 사회적 가치를 지니고 있었기 때문이다. 교육을 받았다는 것은 신분의 표시였다. 사람들은 후견 활동을 통해 명예를 추구한 것처럼 자녀를 교육함으로써 사회적 지위를 높이려고 노력했다. 교육받은 아이들은 부모보다 더 많은 출세 기회를 가질 수 있었고, 글을 읽고 쓸 줄 아는 것만으로도 사람들이 보기에 한층 높은 위상을 획득할 수 있었다.

학자들은 교육받은 사람의 비율에 대해 논쟁을 벌이지만, 실제 숫자는 우리의 목적에 그다지 중요하지 않다. 중요한 것은 사람들이 자신의 직업과 사회적 지위에 필요한 수준의 교육을 받으려고 노력했다는 사실이다. 가게 주인은 약간의 글쓰기와 기본적인 수학 지식이 필요했지만, 그 이상은 필요하지 않았다. 엘리트 계층은 높은 수준의 교육이 필요했다. 기록을 보관하고 편지를 쓰기 위해 노예를 소유했다 하더라도, 사회적 규범에 따라 문학과 문법에 대해 토론할 수 있어야 했고 남성은 유창하게 말할 수 있도록 훈련받아야 했다. 이러한 활동은 그 사람의 지위를 나타내는 증표였다. 반면에 어부, 벽돌공, 농장 일꾼, 일용직 노동자 등 교육이 전혀 필요하지 않은 사람들도 많았다.

여성과 교육

일반적인 사람들이 글을 읽고 쓸 수 있었는지 여부를 파악하기가 어려운 것처럼, 여성의 문해율을 파악하는 일도 마찬가지다. 여성들도 글을 쓰기 위해 서기를 고용했지만, 그것이 여성들의 능력에 대해 특별히 알려 주는 것은 없다. 많은 글에는 이름이 명시되지 않았기 때문에 작성자의 성별을 알 수 있는 방법이 없다.

이 시기의 현존하는 장편 작품은 대부분 남성의 것이다. 이 사실만으로는 여성이 글을 쓸 수 있었는지 여부에 대해 알 수 없지만, 오랜 세월 동안 글을 복사하고 보존했던 사람들에게는 여성의 글이 그다지 가치가 없었음을 암시한다. 만일 남성의 글이 더 가치가 있었다면, 이는 남성이 여성보다 교육받을 가능성이 더 높았다는 생각을 뒷받침한다. 하지만 이 역시도 여성의 문해력에 대해서는 아무것도 알려 주지 않는다. 단지 여성이 남성보다 교육을 덜 받았거나, 교육을 통해 역사와 철학 분야의 글을 쓸 가능성이 낮았음을 시사할 뿐이다.

증거에 따르면 여성의 문해력 비율은 전체 인구의 문해력 비율과 비슷했다. 여성은 필요한 만큼의 교육을 받았다. 남성과 마찬가지로 그 '필요'는 경제적이고 사회적인 것이었다. 읽고 쓸 수 있는 능력은 직업을 비롯하여 사회적 지위를 나타내는 데 모두 중요했다.

전체적으로 볼 때 여성은 남성보다 교육받을 기회가 적었다. 남성과 같은 사회 계층에 있는 여성은 단순히 성별 때문에 남성보다 지위가 낮았다. 그리고 직업을 기록한 비문은, 여성이 더 많은 교육이 필요한 사무직을 맡을 가능성이 적었음을 보여 준다. 두 가지 사실 모두 여성이 교육받아야 할 필요성에 대한 인식이 매우 낮았음을 시사한다.

하지만 여성이 가졌던 직업 중에는 읽고 쓰는 능력이 필요한 것들도 많았다. 4장에서 살펴본 것처럼 여성들 중에는 상점 주인이 있었고, 기록하는 일을 해야 했다. 도움을 얻기 위해 의학 서적을 읽어야 하는 유모, 심지어 교사도 있었다.

여성의 교육은 가족의 사회적 지위를 드러내고, 또 지위를 높이는 수단이기도 했다. 사람들은 저녁 연회에 참석한 엘리트 여성이 시나 역사에 대해 토론하는 모습을 기대했다. 1세기 풍자가인 유베날리스는 주변 남성들보다 문법의 세세한 부분까지 더 잘 아는 것 같은 여성들에 대해 불만을 제기했다! 그의 말은 여성이 높은 지위의 남성보다 우위에 서는 것을 문제로 여겼던 당시의 관념을 강화한다. 그러나 중요한 것은, 그가 여성들이 이런 지식을 가지고 있었다는 사실 또한 동시에 보여 준다는 점이다. 여성이 그

정도의 학력을 쌓을 수 있었던 것은, 가족들이 딸의 교육 수준을 드러내는 것이 사회적으로 이득이 된다고 생각했기 때문이다.

가난한 가정도 딸의 교육을 통해 혜택을 받았다. 교육을 받은 여자아이는 가족을 위해 더 나은 일을 할 수 있었기 때문이다. 로마법은 여자아이가 가게를 맡을 수 있다고 인정했다. 어느 정도 글을 읽을 줄 아는 여자아이는 그런 일을 하기에 적합했다. 나아가, 만일 다른 가족 구성원이 글을 읽고 쓰지 못한다면 그렇게 할 수 있는 여자아이가 편지와 법적 문서를 작성하는 데 도움을 줄 수 있다.

또한 교육은 문맹일 때와 비교할 때 더 높은 지위의 남성과 결혼하는 데 도움이 될 수 있다. 부유한 여성에게 교육은 엘리트 계층에게 기대된 좋은 가정교육의 표시이자, 자녀를 마찬가지로 교양 있는 사람으로 키울 수 있다는 증거이기도 했다. 하층 계급 여성에게 문해력은 가족의 이익을 확보해 주는 능력이었다. 모든 사회 계층에서 더 나은 결혼을 하는 것은 당사자 여성에게 중요했다. 결혼을 통해 자신의 사회적 지위를 높일 수 있고, 좋은 배우자를 만나면 그것이 사회적 관계로 연결되기에 다른 가족들에게도 유용했기 때문이다. 따라서 가정에 여유만 있다면 여자아이를 교육하는 것은 당연한 일이었다.

다시 말해, 가장 좋은 결론은 여유가 있다면 자신의 상황에 유리한 방식으로 자녀를 교육했다는 것이다. 여성은 일반적으로 남성보다 교육받을 확률이 낮았으며, 교육을 받더라도 남성 동년배만큼 높은 수준의 교육을 받지 못했다. 하지만 그럼에도 많은 여성이 읽고 쓰는 법을 배우고, 그러한 능력을 생업에 활용하고 자녀들에게 전수했다.

> "여자아이들과 남자아이들은 같은 학교에서 같은 커리큘럼으로 교육받았다."

여자아이들과 남자아이들은 적어도 14세 정도까지는 같은 학교에서 같은 커리큘럼으로 교육받았다. 고대에 단성 교육이 일반화되어 있었다는 증거는 찾기가 힘들며, 남자아이에 대한 선호는 있었다. 예를 들어, 모든 교과서가 여자보다는 남자를 삽화로 사용하여 전형적인 학생을 남성으로 생각했다. 그럼에도 여자아이들도 남자아이들과 마찬가지로 그러한 교실에서 '전형적인' 학생의 예를 가지고 학습했다.

여자아이들이 교육을 받았다는 구체적 증거는 여러 묘비에서 찾을 수 있다. 그중 하나는 "나이에 비해 학식이 뛰어난" 마그닐라라는 여덟 살 소녀를 기념한다. 마그닐라의 부모가 사후에 그 아이를 기리기 위해 이 문구를 선택했다는 사실은, 교육의 중요성과 그것이 가져오는 사회적 지위를 보여 준다. 여덟 살의 나이에도 말이다! 이외에도, 선생님의 양옆에 서 있는 남자아이와 여자아이의 그림, 어린 여자아이들과 여러 여성이 손에 책을 들고 있는 그림이 있다.

이집트에서 발견된 몇몇 편지에는 학교에 다니는 여자아이들에 대한 언급이 나온다. 헤라이두스라는 소녀의 가족이 보낸 한 편지는, 다른 가족 구성원에게 "선생님이 헤라이두스를 위해 많은 노력을 기울일 수 있도록" 선생님에게 선물을 보내 달라고 요청한다.[2] 같은 가족이 보낸 또 다른 편지에는 헤라이두스가 읽을 책을 보내 달라는 요청이 담겨 있다.

몇몇 여성은 당시 기준으로 볼 때 높은 교육 수준에 이르기도 했다. 술피키아라는 한 여성은 연애시를 썼다. 철학자 플루타르코스의 아내였던 티목세나라는 여성은 자신의 철학 논고를 썼다. 플루타르코스는 자신의 옛 제자였던 에우리디케라는 젊은 여성에게 이 논고를 추천하고, 자신도 에우리디케를 위해 결혼에 관한 논고를 썼다.

다른 증거에 따르면 교육받은 일부 여성들이 가르치는 일도 했다. 코르넬리아는 자신의 아들들을 교육한 공로로 칭송받은 유명한 로마 여성이다. 어떤 엘리트 여성들은 자녀의 교육을 감독했다. 물론 가정교사를 고용하여 자녀 교육을 감독하는 경우도 있었지만, 감독하려면 무엇을 가르쳐야 하는지, 또 잘 가르치고 있는지를 분별할 수 있는 충분한 지식이 필요했다.

좀 더 공식적인 의미에서 교사인 여성들도 있었는데, 부모가 자녀를 교육하기 위해 그들에게 돈을 지불하는 경우였다. 한 여성이 군대에 있는 남편에게 보낸 편지에는, 아이들이 잘 지내고 있으며 여자 교사에게 수업을 받고 있다고 안심시키는 내용이 담겨 있다. 세라피아스라는 여성이 자녀들에게 보낸 또 다른 편지에는 '아테나이스 선생님'이 안부 인사를 전한다고 적혀 있다. 또 한 미라 초상화를 보면 고인이 중등학교 교사였던 헤르미오네임을 알 수 있다.

벽에 한 낙서나 편지는 대부분 글쓴이의 성별을 알 수 없다.

하지만 이따금 여성이 글쓴이였다는 단서를 발견할 수 있다. 어떤 여성들은 편지에 마지막 인사를 적었다. 예를 들어, 한 여성은 서기가 쓴 편지에 "안녕히 계세요"라는 간단한 문구를 덧붙였다. 또 다른 여성은 결혼 계약서에 직접 서명했다. "나 타이스는 위에 기록된 맹세를 했으며 규정된 대로 행하겠다."[3]

현재 남아 있는 어떤 편지는 여성 발신자가 전체를 직접 쓴 것으로 보인다. 그 예로 이집트 필라델피아에 살던 한 여성의 편지가 있다.

테르무타스가 어머니 발레리아스에게. 문안 인사를 넘치도록 전하며 건강하시기를 빌어요. 발레리우스에게서 밀 케이크 20쌍과 빵 10쌍이 담긴 바구니를 받았어요. 담요는 현재 가격으로 보내 주시고 좋은 양모와 스웨터 4벌도 보내 주세요. 이것들을 발레리우스에게 주세요. 그리고 현재 저는 임신 7개월이에요. 그리고 아르테미스와 어린 니카로스, 나의 주인님 발레리우스(마음으로 그리워하고 있답니다)와 디오니시아와 데메트루스에게 여러 번, 어린 타이시스에게도 여러 번, 그리고 집안 모든 사람에게 문안해요. 아버지는 좀 어떠신가요? 가실 때 편찮으셨는데, 제발 아버지 소식을 전해 주세요. 유모에게 안부를 전해요. 로디네가 어머니께 안부를 전해 달래요. 저는 그에게 수공일을 맡겼어요. 다시 그가 필요해졌지만, 저는 만족해요.[4]

이 편지가 테르무타스가 직접 쓴 것으로 추정되는 한 가지 이유는 그다지 연습을 많이 하지 않은 글씨체로 보이기 때문이다. 그럼에도 그는 편지 전체를 작성했고 자신이 하고 싶은 말을 표현할 수 있었다.

신약성경의 여성과 교육

신약 본문에는 언급된 사람의 교육 수준을 알 수 있는 단서가 거의 없다. 문해력과 관련해서, 남성이라고 해서 더 많은 단서를 얻을 수 있는 것은 아니다. 바울은 확실히 교육을 받은 사람이었다. 비록 서기에게 편지를 대필하도록 했지만, 편지의 세심한 구성은 그가 높은 수준의 교육을 받았음을 시사한다. 누가복음은 예수님을 글을 읽을 줄 아는 사람으로 분명하게 묘사한다. 예수님은 회당에서 일어나 선지자 이사야의 글을 읽었다(눅 4:16-20). 그리고 간음죄로 고발당한 여인의 이야기(요 7:53-8:11)에서 손가락으로 땅에 글을 쓰는데, 이야기에 구체적으로 밝혀진 않았지만 아마도 글을 쓰신 것으로 추정된다. 하지만 제자들의 교육 수준에 대해 복음서는 정보를 제공하지 않는다.

여성 등장인물들도 마찬가지로 불분명하다. 하지만 우리는 이야기의 세부 내용과 고대의 교육에 대해 알려진 내용을 통해 몇 가지를 추론할 수 있다. 예를 들어 요한복음은 마리아와 마르다가 글을 읽었을 가능성이 큰 여성들로 묘사한다. 나사로가 죽은 후 이 자매들을 위해 모인 군중의 규모를 볼 때, 이 가족이 어느 정도 중요한 위치에 있었음을 암시한다. 또한 예수님과 다른 사람들이 참석한 가운데 나사로의 부활을 축하하는 저녁 연회를 열 정도로 충분한 부와 사회적 지위가 있었다. 마리아는 300데나리온 상당의 향유 병을 소유했고 그것으로 예수님의 발에 기름을 부었다. 요한이 묘사하는 이 가족의 모습을 보면 그들이 사회적 지위에 걸맞은 교육을 받았을 가능성이 높다.

뵈뵈 또한 교육을 받았을 것으로 보인다. 바울은 뵈뵈를 소개하면서 겐그레아 교회에서의 직분을 언급하며, 바울뿐 아니라 다른 많은 사람을 후원했다고 기록한다. 이것은 뵈뵈가 어느 정도 재력이 있었고 따라서 글을 읽고 쓸 줄도 알았음을 시사한다. 또한 뵈뵈는 아드리아해에서 에게해로 통하는 상업의 주요 통로였던, 고린도와 더불어 번성한 도시 겐그레아 출신이다. 즉 그는 교육을 쉽게 받을 수 있는 곳에 살았다. 그렇다면 뵈뵈는 글을 읽을 줄 알았고 로마 교회에 가지고 간 편지를 읽었을 가능성이 높다.

이 장에서 살펴본 내용을 활용하여, 아래 본문에서 문해력과 교육의 문제를 생각해 보라.

예수님에 대한 고발

사복음서 모두 로마인들이 예수님을 고발하는 다음과 같은 문구를 십자가에 붙였다고 기록한다. "이는 유대인의 왕 예수다" (마 27:37; 참조. 막 15:26; 눅 23:38; 요 19:19).

1. 로마인들이 왜 그렇게 했다고 생각하는가? 그들은 누가 이 팻말을 읽을 것이라 기대했을까?

2. 마태복음과 누가복음은 멀리 서서 지켜보고 있는 여성 제자들을 묘사한다(마 27:55-56; 눅 23:49). 자신이 이 여인들 중 한 명이라고 상상해 보라. 십자가에 새겨진 글을 읽을 수 있는가?

3. 요한은 이 새겨진 문구의 중요성을 강조한다. "예수께서 못 박히신 곳이 성에서 가까운 고로 많은 유대인이 이 패를 읽는데, 히브리와 로마와 헬라 말로 기록되었더라"(요 19:20). 요한의 설명은 문해력과 관련해 어떤 내용을 암시하는가?

루디아와 바울

누가는 사도행전 16:11-15에서 루디아와 바울의 만남에 대한 이야기를 들려준다.

우리가 드로아에서 배로 떠나 사모드라게로 직행하여 이튿날 네압볼리로 가고 거기서 빌립보에 이르니 이는 마게도냐 지방의 첫 성이요 또 로마의 식민지라. 이 성에서 수일을 유하다가 안식일에 우리가 기도할 곳이 있을까 하여 문밖 강가에 나가

거기 앉아서 모인 여자들에게 말하는데, 두아디라 시에 있는
자색 옷감 장사로서 하나님을 섬기는 루디아라 하는 한 여자가
말을 듣고 있을 때 주께서 그 마음을 열어 바울의 말을 따르게
하신지라. 그와 그 집이 다 세례를 받고 우리에게 청하여
이르되, 만일 나를 주 믿는 자로 알거든 내 집에 들어와 유하라
하고 강권하여 머물게 하니라.

1. 루디아의 교육 수준에 대한 간접적 단서가 될 수 있는 이
   야기의 측면을 나열해 보라.

2. 누구도 확실히 알 수는 없겠지만, 루디아의 문해력에 대
   해 어떤 추측을 해 볼 수 있겠는가?

여성의 ——————
————————
—————— 미덕

3

8. 정숙

바울은 뵈뵈의 고결함에 대해 직접적으로 언급하지는 않지만 로마 교회에 그를 '추천'한다. 또한 이 문장에 앞서 무려 네 장에 걸쳐 그리스도인이 어떻게 살아야 하는지 가르침을 주고 있기 때문에, 독자는 (기독교적 삶에 관해) 바울이 기대하는 바를 상당 부분 짐작할 수 있다. 뵈뵈는 단순히 후견인이 아니라 추천할 만한 사람으로서, 믿음의 모범을 보인 사람으로 보인다.

지금까지 뵈뵈에 대해 그려 온 바를 종합해 보면(교육을 받고 자기 몫의 재산이 있었던 바울의 후견인), 고대의 '훌륭한 여성상'에 대해 우리가 짐작하는 바와 상충할지도 모른다. 아마도 당신은 왜 사람들이 뵈뵈에게 좀 더 굴종적인 행동을 기대하지 않았는지 궁

> "뵈뵈는 어떻게 고결한 여성인 동시에 지도자로 여겨질 수 있었을까?"

금할 수도 있겠다. 당시 여성은 남성을 뒷바라지하는 인생을 살아야 했던 것 아닌가? 그리고 그런 여성이야말로 '훌륭한 여성'으로 여겨졌던 것이 사실 아닌가? 뵈뵈는(혹은 그 어떤 사람이든) 어떻게 고결한 여성인 동시에 지도자로 여겨질 수 있었을까?

너무나 좋은 질문들이다! 지금까지 우리는 자신의 재산을 관리하고 자신이 속한 도시의 지도자로 봉사했던 여성들의 사례들을 살펴보았다. 이런 활동은 우리가 지금까지 고대의 여성적 이상으로 여겨 온 침묵하고 복종하는 여성상과 상충하는 것으로 보인다. 여성이 남편의 뜻을 따르는 존재로 여겨졌다고 생각했는데, 자기 재산을 소유하고 자신의 능력으로 도시의 지도자가 된 로마 여성들이 있었음을 보게 된 것이다. 독립적으로 활동하는 여성이 어떻게 고결한 여성으로 이해될 수 있었을까? 어떤 행동이 여성에게 바람직한 것으로 여겨졌는지 살펴본다면, 여성의 미덕을 더 깊이 이해하는 데 도움이 될 것이다.

이상적인 여성상

사실 이상적인 여성을 묘사하는 데 사용된 단어들은 수 세기 동안 매우 일관되게 유지되었다. 당시 고결한 여성의 이상은 정숙(modesty)과 근면(industry), 가정에 대한 충실함(loyalty)이었다. 상당수의 현대 독자들은 이러한 특징들이 여성의 삶을 옥죄었을 것이라 짐작하곤 한다. 여성들이 집에 머물면서 남편이 시키는 대로 해야만 했으리라 생각하는 것이다. 하지만 앞으로 살펴보겠지만 꼭 그렇지는 않았다.

먼저 전통적인 미덕으로 칭송받았던 여성들의 사례를 살펴보자. 투리아라는 여성의 남편은 아내가 죽자 장문의 추도문을 묘비에 기록했다. 이 부유한 남성이 추도문 전체를 비석에 새겨 놓은 덕분에, 우리는 투리아가 생전에 어떤 면에서 찬사를 받을 만한 여성이었는지 자세히 파악할 수 있다.

몇 구절은 투리아를 고전적인 여성의 이상에 부합한 사람으로 단순하게 묘사한다. "내가 그대의 개인적인 미덕을 일일이 언급할 필요가 있겠소? 그대의 정숙, 순종, 상냥함, 좋은 성품, 지치지 않고 양모 가공일을 했던 근면함, 미신적 두려움에 빠지지 않고 종교적 의무를 다했던 것, 꾸밈없는 우아함과 의복의 소박함 같은 것들 말이오."[1] 이 비문의 내용은 투리아가 이상적인 아내였음을 묘사한다. 즉 그는 정숙하고 근면하며 가정에 충실했다.

또 다른 사례는 무르디아의 아들이 어머니를 기리며 세운 묘비문의 일부다. "나의 가장 소중한 어머니는 그 어떤 이들보다 칭송을 받아 마땅하다. 어머니는 정숙과 예절, 순결, 순종, 양모 가공일, 근면, 충실함에서 다른 훌륭한 여인들에 필적할 뿐 아니라, 미덕과 노동과 위험한 순간에 발휘하는 지혜에 있어서도 다른 어떤 여인들에 뒤지지 않았다."[2] 무르디아의 아들 역시 여성에 대한 고전적 이상을 바탕으로 그녀를 칭송하고 있다.

투리아와 무르디아를 묘사하는 데 쓰인 이 형용사들은 여성을 추모하는 다른 비문들에서도 흔히 발견되며, 당시 통용된 사회적 규범이 어떤 것이었는지를 가늠하게 한다. 이러한 자질들은 어떤 여성을 찬양하고 그가 얼마나 멋진 여성이었는지를 표현해야 할 때 변함없이 언급되었다.

이렇듯 여성의 미덕을 묘사하는 언어적 표현들이 늘 동일했지만, 그 자질들이 실제적으로 드러나는 모습은 시대에 따라 변화해 왔다. 신약 시대에 이러한 여성의 미덕이 묘사하는 행동은, 우리에게는 다소 놀랍게 여겨지는 것이었다. 고결한 여성은 경제적·사회적 이해관계가 있었고, 시민적 역할을 맡았다. 이 장은 우선 신약 시대 여성들에게 이 고전적인 여성의 자질들 중 정숙을 갖춘다는 것이 어떤 의미였는지를 탐구할 것이다. (이후 장들에서 차례로 근면과 충실과 이상적 결혼 관계를 살펴볼 것이다.)

정숙

고대 로마에서 정숙은 복잡한 개념을 가진 덕목이었다. 오늘날 어떤 여성이 정숙하다고 할 때, 우리는 노출이 심하지 않은 옷을 입는 여성 혹은 주변 사람의 의견을 따르는 여성을 떠올린다. 이와 유사하게 신약 시대에도 정숙은 옷차림이나 행동을 일컫는 표현이었지만, 둘 중 어떤 경우든 그 의미는 오늘날과 달랐다.

흔히 '정숙'으로 번역되는 그리스어(*sōphrosynē*)의 또 다른 정의는 '자기 절제'(self-control)였다. 이 정의는 여성의 미덕으로서 정숙을 이해할 때 매우 유용하다. 정숙한, 혹은 자기를 절제할 줄 아는 사람은 자신의 쾌락보다 가정이나 도시의 필요를 우선시하는 사람을 의미했다. 자기 절제는 여성과 남성 모두의 미덕이었으며, 두 경우 모두 자기 훈련에 대한 강조는 동일했다.

"자기 절제는 여성과 남성 모두의 미덕이었다."

정숙한 옷차림

오늘날과 마찬가지로 정숙함이라는 자질은 옷 입는 방식과 관련되어 있었다. 하지만 당시와 오늘날의 정숙한 옷차림을 비교하면 한 가지 큰 차이가 있다. 우리에게 정숙한 옷차림은 입는 사람의 몸이 얼마나 많이 혹은 적게 드러나는지와 관련이 있다. 하지만 신약 시대에 그것은 화려함과 대비되는 소박한 의복을 의미했다. 진주나 금이나 고가의 원단을 소유한 부유한 로마 여성일지라도 단순한 옷에 단순한 목걸이 하나 정도만을 걸친다면, 그 옷차림은 정숙하다고 여겨졌던 것이다.

앞서 살펴보았듯이 이때는 많은 사람이 번영을 누린 시기였다. 엄청나게 부유한 사람들은 물론 소수였지만, 많은 이들이 지출 가능한 여분의 자금이 있었고, 대부분 최저 생활 수준 이상의 삶을 누렸다. 이렇게 상대적으로 번영했던 경제 상황 덕분에 많은 이들이 귀금속이나 고가의 원단, 정교한 헤어스타일 등으로 자신의 부를 과시했다. 사진 2는 당시 가장 유행하는 헤어스타일을 한 여사제의 흉상이다.

고대 작가들은 이러한 사치가 다른 중요한 사회적 가치들과

© Bruce M. White

사진 2. 여사제의 흉상
에모리 대학교 마이클 카를로스 박물관
(사진: 브루스 M. 화이트, 2010년)

충돌할 수 있음을 알았다. 부유층이 자신의 부를 사치스러운 저녁 연회를 주최하는 데만 사용한다면, 이들의 기부금에 의지해야 하는 여러 건축 사업에 투입될 자원은 부족해질 것이다. 개인과 가문들은 명예를 얻기 위해서 부를 드러낼 필요가 있었고, 사회 역시 공익을 위해 거액의 기부금을 내는 이들에게 의지하고 있었다.

호화로운 의복이 가문의 자원을 분산시킬 수 있다는 점에서, 소박한 의복은 자기 절제를 의미했다. 소박한 의복은 공동 자원의 소비에 있어 현명한 판단을 상징했다. 이러한 이상적 가치의 핵심은 바로 공익을 위한 자기 훈련이라는 개념이었고, 남성과 여성 모두 복장을 통해 이 미덕을 드러낼 수 있었다.

철학자 플루타르코스는 여성의 정숙한 옷차림의 중요성에 대해 이렇게 말했다. "여성을 꾸며 주는 것은 그의 내면을 한층 더 정돈해 주는 것들이다. 즉 금이나 에메랄드, 진홍빛 물건이 아니라, 품위와 절제, 정숙함의 인상을 주는 모든 것이 여성의 장식품이다."[3] 플루타르코스나 그 동시대인들에게 옷을 소박하게 입는다는 것은, 그 사람이 부가 아니라 미덕으로 치장한 사람임을 의미했다.

정숙한 성생활

성적 자제도 정숙의 한 측면이었다. 여성의 성적 정숙은 오직 남편과만 성관계를 가지는 것을 의미했다. 이것이 사회적으로 중요한 가치를 지녔던 이유는, 그래야만 여성에게서 태어난 자녀들이 남편의 적법한 상속자로 보장받을 수 있었기 때문이다.

로마인들은 이런 종류의 정숙을 자기 절제의 한 형식으로 여겼다. 철학자들은 분노나 탐욕처럼, 성욕에서 비롯한 열정 또한 경계 대상으로 삼았다. 그들은 인간이 이 욕구를 해소하는 것을 가장 중요한 일로 여겨 그에 휩쓸리기 쉽다고 생각했고, 성욕에 굴복하는 것이 결코 참된 행복을 가져오지 못한다고 가르쳤다. 그리고 배우자에게 충실하기 위해서는 열정을 넘어서는 절제가 필요하며, 여성들은 일반적으로 이러한 미덕을 드러내야 한다는 기대가 있었다.

짐작하듯이 남성에게는 그렇게 높은 기준이 요구되지 않았다. 철학자들과 상관없이, 로마 사회는 남성이 다른 성적 파트너를 둘 수 있는 더 많은 자유를 부여했다. 성매매가 성행했고, 노예를 소유한 남성은 자신의 노예들(남성이든 여성이든)에게 성관계를 강요했다. 남자들에게 용납되지 않았던 유일한 행위는 기혼 여성과의 성관계였다. 일반적으로 사회는 남성에게 더 큰 성적 방종을 허락했다.

그러나 당시 철학자들은 남성에게도 성적 자제를 권면하며, 성적 행위를 자제하는 행동이 그 사람의 고결함을 입증한다고 주장했다. 플루타르코스는 자기를 절제할 줄 아는 남편을 "개나 염소같이 무절제하고 쾌락을 추구하는 성품을 가진" 남성들과 비교했다.[4] 그는 이러한 행동이 아내에게 고통을 줄 것이기에 다른 여성과 어울리지 말라고 조언하기도 했다. 그럼에도 그 역시 당시 남성들 사이에 혼외정사가 성행했음을 인정했다.

결론적으로, 성적인 정숙의 문제에서 당시 여성들은 남성들보다 더 엄격한 기준을 적용받았다. 여성의 불륜에 관한 이야기들이 많지만(사실 여부를 확인하기는 어렵다), 전반적으로 고대 문헌들은 성적 방종이 여성보다 남성 사이에서 더 흔했다는 인상을 남긴다. 사회적 기대는 여성의 성생활이 정숙을 드러내는 방향으로 기울어지는 데 일조했다.

시민적 미덕으로서의 정숙

우리는 정숙이 개인적 덕목이라고 생각한다. 그것은 개인의 성품이나 타인과의 관계에 영향을 미친다. 반면 이 개인적 정숙이 지역사회나 도시에도 가치가 있었다고는 여기지 않는 경향이 있다. 그러나 로마인들, 특히 도시의 지도자들은 자기 절제를 중요한 덕목으로 여겼다.

플루타르코스는 정숙이 지도자의 중요한 자질 중 하나라고 보았다. 그는 여성이 귀중품보다 미덕으로 치장하는 것을 지지하는 앞서 언급한 문헌의 같은 문단에서, 한 지도자의 이야기를 들려준다. 이 지도자는 딸들 앞으로 고가의 옷을 잔뜩 선물 받았는데, 문제는 그것들이 독재자가 보낸 선물이었다는 점이다. 지도자는 "이 장신구들은 내 딸들을 아름답게 꾸미는 것보다 내 이름에 먹칠하는 데 더 유용할 것"이라고 말하며, 선물들을 돌려보내는 현명한 결정을 내린다.[5] 이 지도자는 부에 현혹되면 결국 독재자와의 결탁으로 이어질 것임을 인지했고, 그것이 도시에 해를 끼칠 것임을 알았다. 따라서 사치스러운 옷을 거절하는 것은 시민에게 최대의 유익을 끼치는 것을 최우선으로 여긴다는 표시다.

이 시대 사람들이 가정의 덕목과 시민적 리더십 사이에 관련성이 있다고 본 것에는 몇 가지 정치적·사회적 이유가 있었다. 이때 로마 정부 형태는 공화정 시대의 비교적 민주적이었던 통치 방식을 버리고 황제가 다스리는 통치 형식으로 변화했다. 황제와 그의 동맹들은 그 변화를 정당화하기 위해 전통적 가치들을 끌어와 황제가 자기 절제 같은 미덕을 지녔다고 선전했다. 그리고 황제가 단순히 독재자가 아니라 국가의 안녕을 진실로 추구한다는 메시지를 전달하려 했다. 이러한 자기 절제(혹은 정숙)가 이미 여성의 미덕으로 인식되고 있었기 때문에, 이때 시작된 자기 절제에 대한 강조는 아마도 여성이 시민으로서 참여할 수 있는 공간을 확장했을 것이다.

사람들은 또한 성적 정숙함을 중요한 시민적 덕목으로 생각했다. 안정된 결혼은 사회 조직의 기반으로 여겨졌다. 이는 실질적 의미에서 사실이었는데, 안정된 가정이 도시 번영에 공헌했기 때문이었다. 자기 절제 같은 미덕을 함양한 남편과 아내는 가정의 안정에 기여했다. 이에 더해 사람들은 성적 정숙이 신들을 기쁘게 한다고 생각하기도 했다. 충직한 배우자들은 자신의 행동을 통해 신들을 경배했고, 신들은 이에 대한 보답으로 도시를 전쟁이나 기근 같은 재난으로부터 보호했다.

"정숙은 시민적 책임이었다." 따라서 정숙은 분명 개인의 특성이었지만, 동시에 시민적 책임이기도 했다. 사람들은 옷을 정숙하게 입음으로써 자신의 현명한 판단력과 공공선에 기여하고자 하는 의지를 드러냈다. 그리고 성적으로 정숙한 태도를 통해, 안정된 가정을 이루고 신을 기쁘게 하여 도시의 번영을 공고히 하고자 했다.

　이러한 사회적·정치적 맥락은 어떻게 여성들이 정치적 활동을 하면서도 정숙하다는 칭송을 받았는지를 설명하는 데 도움이 된다. 정숙 혹은 자기 절제는 전통적인 가정의 미덕과 시민적 리더십의 역량을 연결해 주었다. 안정적 가정을 유지하는 데 필요한 판단력이 안정적인 사회의 기반을 닦는 데도 필요하다고 여겨졌기 때문이다.

활동적이고 고결한 여성

　현대 학자들은 여성이 후견인 역할을 맡은 것은 예외적인 일이며 다른 사람의 눈에는 이런 여성이 이탈자로 비쳤을 것이라고 종종 주장해 왔다. 그

"정숙의 의미는 여성의 시민적 역할을 지지했다."

러나 이 여성들이 당시 문화적 관습에서 이탈한 사람으로 이해되었다는 주장을 뒷받침할 증거는 별로 없다. 오히려 사회적으로 정의된 정숙의 의미는 여성의 시민적 역할을 지지했다.

　여성들은 도시의 후견 활동을 하거나 리더십을 발휘하는 가운데 정숙의 자질 또한 확고하게 드러냈다. 예를 들어, 아우구스투스 황제의 아내였던 리비아는 전통적인 가정의 미덕을 겸비한 여성으로 그려졌음에도 중요한 사회적 역할을 맡았다. 리비아는 로마의 강력한 후견인이었고, 자신의 정치적 영향력을 행사했다. 또

한 제국 내에서 후견인으로 영향력을 행사하는 다른 여성들의 모범이 되기도 했다. 그럼에도 작가들은 리비아가 지닌 전통적 미덕을 찬양했다.

많은 비문이 당시 사회적 존경을 받았던 여성들의 리더십 행사가 전통 규범을 훼손하는 행동으로 여겨지지는 않았음을 보여 준다. 사실 많은 여성이 전통적 미덕의 수호자인 동시에 도시의 지도자로서 칭송받았다. 6장에서 언급한 유니아 테오도라의 또 다른 사례가 이 사실을 보여 준다. "파타라 사람들은 다음과 같이 선포했다. '로마인이자 고린도에 거주하는 유니아 테오도라는 정숙한 삶을 살았던 가장 존경받을 만한 여성이다. 그는 뤼키아인들의 친구로서 생을 헌신하여 모든 뤼키아인에게 감사를 받았고, 우리 시민들에게도 많은 혜택을 주었다.'" 뤼키아 사람들은 유니아가 사람들에게 끼친 영향력을 두고 존경을 보내고 있다. 그러나 동시에 그는 '정숙한 삶'을 산 것을 두고 존경받고 있다.

지역사회에서 유니아가 발휘한 리더십은 정숙함과 반대되는 것으로 여겨지지 않았다. 그는 리더십과 전통적인 여성의 미덕을 모두 가진 사람으로 존경받았다. 자신의 맥락 안에서 유니아는 문화적 규범을 어기는 것으로 보이지 않았다. 그는 고결한 사람에게 기대되는 행동을 했다. 그 행동은 여성에게 기대되는 미덕을 위배하기보다 오히려 확증했다. 정숙과 같은 전통적 미덕이 여성의 활동적인 사회 참여를 배제하지 않았음을 주목하라.

신약성경에 나타난 정숙

신약 시대의 사람들은 현명한 판단과 자기 절제 사이에 연관성이 있다고 보았기 때문에 여성의 리더십이 사회적 규범과 상충한다고 여기지 않았다. '정숙함' 혹은 자기 절제력을 가진 것으로 규정된 여성은 리더십과 관련 된 덕목을 나타내는 인물이었다. 우리는 신약성경의 많은 구절에서 유사한 덕목들이 언급되는 것을 볼 수 있다.

> "'정숙함' 혹은 자기 절제력을 가진 것으로 규정된 여성은 리더십과 관련된 덕목을 나타내는 인물이었다."

신약성경에는 자기 절제 혹은 정숙함을 뜻하는 그리스어 단어가 종종 등장한다. 예를 들어 디모데전서 2:8-15은 예배에 참석한 여성들에 대한 지침의 처음과 마지막 부분에서 이 단어를 언급한다. 본문의 첫 두 절은 다음과 같다. "이와 같이 여자들도 소박하고 정숙하게[sōphrosynē] 단정한 옷차림으로 몸을 꾸미기 바랍니다. 머리를 어지럽게 꾸미거나 금붙이나 진주나 값비싼 옷으로 치장하지 말고, 하나님을 공경하는 여자에게 어울리게, 착한 행실로 치장하기를 바랍니다"(딤전 2:9-10, 새번역).

보다시피 디모데전서의 문맥은 정숙함이라는 단어가 가정의 자원을 사용하는 방식과 관련해 자기 절제의 의미로 쓰인다는 견해를 지지한다. 이후 9장에서는 디모데전서 2:10 다음에 이어지는 구절 중 특히 여성에게 침묵을 요구하는 내용을 다룰 것이다. 특정한 사회적 상황에서 말을 절제하는 것 또한 자기 절제의 증거

였다(11-12절). 그러나 그 중요한 주제는 잠시 미루어 두고, 여기서
는 자기 절제 혹은 정숙의 다른 면들에 더 집중하도록 하자.

역사적 맥락에서 보면 소프로쉬네(sōphrosynē)는 그리스도인 지
도자에게 요구되는 자기 절제를 표현하는 단어였다. 전체적으로
디모데전서 2:9-15은 전통적인 관점을 반영한다. 단정한 옷을 입
으라는 규제에서 보다시피, 본문은 가정의 자원을 현명하게 사용
하는 자기 절제를 지지했다. 이러한 규제는 이 시기의 시민 단체와
종교 공동체 지도자들에게 꾸준히 요구된 것이다.

디모데전서 저자는 이후 같은 편지에서 공동체 지도자의 특
징을 동일한 덕목으로 묘사한다. "그러므로 감독은 책망할 것이
없으며 한 아내의 남편이 되며 절제하며 신중하며 단정하며 나그
네를 대접하며 가르치기를 잘하며 술을 즐기지 아니하며 구타하
지 아니하며 오직 관용하며 다투지 아니하며 돈을 사랑하지 아니
하며 자기 집을 잘 다스려 자녀들로 모든 공손함으로 복종하게 하
는 자라야 할지며"(딤전 3:2-4). 본문에서 '절제하며'로 번역된 그리
스어가 바로 우리가 지금까지 논의해 왔던 것과 동일한 단어
(sōphrōn)다. 이 단어는 정숙한, 혹은 자기를 절제하는 사람을 의미
한다. 이 본문은 당시 문화의 중요한 가치를 확증하는데, 곧 지도
자가 되기를 추구하는 사람이라면 공공선을 추구해야 한다는 것
이었다.

이제 다음 지침을 가지고 지도자들에게 어떤 자기 절제가 기
대되었는지 살펴보자.

감독

감독들에 대한 본문을 다시 읽어 보자.

그러므로 감독은 책망할 것이 없으며 한 아내의 남편이 되며
절제하며 신중하며 단정하며 나그네를 대접하며 가르치기를
잘하며 술을 즐기지 아니하며 구타하지 아니하며 오직 관용하며
다투지 아니하며 돈을 사랑하지 아니하며 자기 집을 잘 다스려
자녀들로 모든 공손함으로 복종하게 하는 자라야 할지며
(딤전 3:2-4).

나열된 자질들이 어떻게 정숙/자기 절제와 연관되는지 생각
해 보자. 이 표현들이 각각 무엇에 대한 절제를 말하는지 아래 표
에 써 보자.

자질	절제의 종류
한 아내의 남편이 되며(2절)	
술을 즐기지 아니하며(3절)	
구타하지 아니하며 오직 관용하며(3절)	
다투지 아니하며(3절)	
돈을 사랑하지 아니하며(3절)	

집사

남성과 여성 집사 모두 직무 자격을 갖추는 데 같은 내용의 덕목들이 요구되었다.

> 이와 같이 집사들도, 신중하며, 한 입으로 두 말을 하지
> 아니하며, 술에 탐닉하지 아니하며, 부정한 이득을 탐내지
> 아니하며, 믿음의 비밀을 깨끗한 양심에 간직한 사람이라야
> 합니다. 이런 사람들을 먼저 시험하여 보고, 책망 받을 일이
> 없으면, 집사의 일을 하게 하십시오. 이와 같이 여자들도,
> 신중하며, 험담하지 아니하며, 절제하며, 모든 일에 성실한
> 사람이라야 합니다(딤전 3:8-11, 새번역).

오늘날 대다수 학자들은 11절의 '여자들'이 여성 집사를 지칭할 가능성이 크다는 데 동의한다. 그리스어 본문에서는 감독(3절), 집사(8절), 여자들(11절)을 설명하는 표현들이 평행을 이루기 때문이다. 또 우리가 읽은 뵈뵈에 관한 본문과 다른 많은 자료들은 초기 교회 시기에 여성들이 집사로 봉사했음을 알려 준다. 그러므로 이 구절의 '여자들' 또한 집사들로 읽는 것이 가장 적합하다.

여성 집사의 자격이 어떻게 남성 집사의 자격과 평행을 이루는지 주목해 보자.

남성 (8절)	여성 (11절)
신중하며	신중하며
한 입으로 두 말을 하지 아니하며	험담하지 아니하며
술에 탐닉하지 아니하며	절제하며
부정한 이득을 탐내지 아니하며	모든 일에 성실한

이제 어떻게 남성과 여성 집사들을 묘사하는 이 자질들이 자기 절제의 덕목과 연관되는지 생각해 보자. 자기 절제와 관련된다고 생각되는 것들을 표에 적고, 각 자질이 어떤 종류의 자기 절제를 나타내는지 써 보자.

자질	절제의 종류

디모데전서의 표현들은 자기 절제를 나타낸 여성들이 존경을 받으면서도 동시에 가정과 지역사회에서 다양한 방식으로 리더십을 행사할 수 있었던 사회적 맥락을 반영한다. 이러한 역사적 상황이 디모데전서에 대한 우리의 이해를 형성해야 한다. 정숙에 관한 사회적 규칙을 지키는 여성이 리더십을 갖는 일은 흔했다. 정숙은 여성의 리더십을 제한하지 않았고, 오히려 좋은 리더십의 기반으로 여겨졌다.

9. 근면

뵈뵈는 집사이자 후원자였지만, 동시에 '추천할' 만한 사람이었다.
앞 장에서 우리는 뵈뵈를 비롯한 인물들이 공동체에서 중요한 역
할을 맡으면서도 전통적인 여성의 미덕을 갖춘 사람으로 여겨질
수 있었던 이유를 탐색했다. 이 장에서는 신약성경의 초기 독자들
이 어떻게 뵈뵈의 리더십과 여성의 미덕이 일치한다고 볼 수 있었
는지를 계속해서 탐구하고자 한다.

　우리는 지금까지 고대 여성들의 삶이 그들을 제한하는 이상
에 의해 형성되었을 것이라 생각해 왔다. 한마디로 여성은 아버지
나 남편이 시키는 일이면 무엇이든 순종하고 집 안에 머물러야 했
다는 것이다. 만약 이것이 당시 여성에 대한 문화적 기대였다고 생
각한다면, 여성의 활동이나 주체성을 보여 주는 어떤 증거도 이 규
범과 상충하는 것으로 보일 것이다.

그러나 고대인들은 결코 이것들이 서로 충돌한다고 여기지 않았다! 앞 장에서 우리는 후견인이나 사제로 존경받았던 여성이 동시에 정숙한 사람으로 칭송받았던 사례들을 보았다. 미덕 "'좋은 여성'의 역할을 구현하는 데는 하나 이상의 다양한 방식이 존재했다." 과 리더십이 상충하지 않는다고 여겨진 이유는, '좋은 여성'의 역할을 구현하는 데는 하나 이상의 다양한 방식이 존재했기 때문이다. 전형적인 여성의 이미지가 집에서 일하는 사람이긴 했지만, 가정을 위해 일하려면 때로 먼 곳으로 나가야 했고 그들의 노동은 가치 있게 여겨졌다. 그러므로 부지런한 노동은 여성의 미덕과 반대되는 것이 아니라 오히려 고결한 여성의 특징을 드러냈다.

열심히 일하는 여성들

고전적인 여성의 미덕 중 하나는 근면이었다. 앞 장에서 분석했던 무르디아의 묘비문은 다른 전통적인 미덕과 함께 근면을 언급한다. 그것은 "어머니는 정숙과 예절, 순결, 순종, 양모 가공일, 근면, 충실함에서 다른 훌륭한 여인들에 필적"했다고 말한다. 가정을 유지하기 위해 노동했던 여성들은 존경받았다.

여성의 근면함은 그가 양모 가공에 전념하고 있다는 말로 간단히 표현할 수 있었다. 우리는 무르디아의 미덕 중에서 '양모 가공일'이 근면과 함께 등장하는 것을 볼 수 있다. 앞 장에서 보았던 투리아의 비문에서 그의 남편은 "지치지 않고 양모 가공일을 했던 근면함"을 찬양했다. 사진 3은 양모 바구니처럼 생긴 유골 단지로, 고인의 헌신적 노동을 보여 준다.

존경받는 여성의 자질에 양모 가공일을 포함한 것은 이 시대의 특징으로, 우리는 아뮈모네라는 여성의 묘비문에서 또 다른 사례를 발견할 수 있다. "여기 아뮈모네가 눕다. 그는 마르쿠스의 아내였으며, 가장 아름다운 최고의 사람, 양모 가공일을 했으며 경건하고 순결하고 검소하고 신실하고 가정에 헌신적인 사람이었다."[1] 여성을 '양모 가공 노동자'로 부르는 것은 가족을 위해 열심히 일하는 전통적 미덕을 갖춘 이에게 존경을 표현하는 하나의 방법이었다.

왜 양모 가공일이 이런 비문들에 등장하게 되었을까? 왜 그것이 다른 활동을 대표하는 일이 되었을까? 옷 짓기가 얼마나 어려웠는지를 떠올려 보면 도움이 될 것이다. 나는 자라면서 어머니가 옷을 많이 지어 주셨는데, 그것은 매우 노동 집약적인 일이었다. 하지만 어머니가 옷감까지 만들어야 할 필요는 없었다! 하지만 고대인들(또한 이후의 많은 이들)은 옷을 짓기 위해 많은 단계를 거쳐야 했다. 양을 치고 양털을 깎는 일부터 시작해, 양털을 씻어서 빗질하고, 실을 잣고, 천을 짜고, 때때로 염색까지 하고, 마지막으로 그 천으로 옷을 지었다. 때로 남성도 이 과정에 동원되기는 했지만(신약 시대에는 특히 천 짜는 역할을 했다), 전체적으로 이 일은 여성들이 직접 하거나 감독하는 일로 여겨졌다.

신약 시대의 모든 여성이 굳이 양모 가공일을 할 필요는 없었

사진 3. 양모 바구니 모양의 대리석 유골 단지
뉴욕 메트로폴리탄 미술관

다. 사실 도시에서는 이미 천을 구입할 수 있었기 때문이다. 따라서 가족을 위해 열심히 일한 여성을 칭찬하면서 양모 가공을 지속적으로 언급하는 것은 흥미로운 일이다. 심지어 엘리트 계층의 여성들, 당신이 실제적인 양모 가공일을 잘 모를 것이라고 알고 있는 이들도 가족을 위해 옷을 지었다고 칭송받았다. 어떤 여성이 양모 가공 노동자로 존경받는다는 것은, 그가 실제로 실 잣는 데 많은 시간을 할애했다는 뜻은 아니다. 그저 그 여성이 가정에 유익을 끼치며 열심히 일했다는 의미였다.

4장에서 논의했듯이 여성들은 우리가 종종 상상하는 것보다 더 다양한 직업군에 종사했다. 그들 중에는 의사와 산파도 있었고, 교사와 행정가, 음악가와 운동선수도 있었다. 여성들은 음식점을 비롯한 다양한 형태의 사업체들을 소유하고 관리했다. 그들은 농장을 경영하기도 했다. 물론 남성도 이런 일들을 했고 보통 더 명예롭고 수익성 좋은 직업들을 가진 것은 사실이다. 그러나 우리는 여성의 일이라는 것이 바닥을 닦거나 끼니를 챙기거나 옷을 짓는 일 등에 국한되지 않았음을 유념해야 한다. 그들은 다양한 분야에서 일했고, 가족을 위한 그들의 노동은 고결한 것으로 여겨졌다.

이 가운데 어떤 일을 한 사람이든 그는 '양모 가공일'을 했다고 칭송을 받았을 것이다. 중요한 것은 정확한 일의 종류가 아니라 그것의 더 큰 목적이다. 아뭐모네 같은 사람의 비문은 실제로 그가 생계를 위해 어떤 일을 했는지 말해 주지 않는다. 그저 그의 가족이 원했던 바는 아뭐모네에게 존경을 표하고 그가 좋은 사람이었다고 선언하는 것뿐이다. 그런 목적을 위해 그들은 아뭐모네가 여

성의 이상에 부합했다고 주장했으며, 이를 통해 우리는 그 이상이
여전히 중요했음을 알 수 있다. 그러나 그 여성이 그러한 이상을
구현한 구체적 방법을 우리는 알 수 없다. 여성의 근면함이 나타나
는 방식은 다양했고, 어떤 직업이든 노동으로 자기 가족에게 유익
을 끼친 여성이라면 '양모 가공 노동자'로 존경받았을 것이다.

투리아나 무르디아와 같은 비교적 부유한 여성을 양모 가공
노동자로 칭송하는 것 역시 그들이 가족에게 헌신하는 고결한 여
성이라고 말하는 표현 방식 중 하나였다. 그들의 노동은 양털을 빗
거나 실을 잣거나 천을 짜는 것 외에도 다양한 작업들을 포함했다.
예를 들어 부유했던 투리아는 직접 옷을 만드는 작업보다는 옷을
만드는 사람들을 감독하는 데 더 많은 시간을 보냈을 수 있다. 그
럼에도 투리아의 남편은 "지치지 않고 양모 가공일을 했던 근면
함"을 두고 투리아를 칭송할 수 있었다.

현대인들이 고대 여성의 미덕과 행동을 모순적이라 여겨 온
이유 중 하나는, 여성의 행동을 규정하는 이상이 단 하나뿐이라고
생각했기 때문이다. 여성은 집에 머물며 집안일을 하는 사람이라
고 말이다. 그렇지 않은가? 그러나 실제로는 (지금 문화와 마찬가지로)
누군가가 여성적이라고 인정받는 방식은 여러 가지였다. 물론 사
람들은 가족에게 헌신하는 여성을 귀히 여겼다. "가정에 헌신적인
사람"으로 존경받은 아뮈모네 같은 여성들 말이다. 그러면서도 사
람들은 여성의 근면도 귀히 여겼다. 여성이 매일 집 밖에 나가 일
해야 하는 상황도 그들에게는 모순적이지 않았다. 고결한 여성의
역할을 수행하는 데는 하나 이상의 방법이 있었다.

현대 문화의 예시를 가지고 생각해 보자. 가족 간의 강한 유대 형성을 위해서는 보통 부모와 아이들이 함께 저녁을 먹으라고 조언하곤 한다. 그러나 저녁을 자주 함께 먹는 가족이라 할지라도 그럴 수 없는 때가 생길 수 있다. 그런 일이 생기는 것은 평소 중요하게 여기던 가치를 거부했기 때문이 아니라, 그저 다른 우선순위들이 개입했기 때문이다. 예를 들어 부모의 업무상의 성실함이라는 미덕이나 아이들에게 (방과 후 활동 같은) 다양한 활동 기회를 주는 일의 가치 같은 것들 말이다. 문화적으로 우리는 이러한 가치들이 서로 모순되기에 이것 아니면 저것을 선택해야 한다고 생각하기보다, 때에 따라 여러 선택을 하며 살아간다.

고대인들은 양모 가공일을 이상적인 노동으로 보는 시각을 포기하지 않았다. 바로 그것이 해당 노동에 실제로 종사하는 여성들이 줄어들지라도 그것을 여성의 노동으로 보았던 이유다. 하지만 미덕 역시 중요했고, 그들은 그것을 견지했다.

고대인들은 정숙을 포기하거나 그것을 성실한 노동의 가치와 맞바꾸지 않았다. 그들은 정숙과 근면을 모두 가치 있게 여겼다. 여성의 정숙함이 사업상 거래를 성사시키거나 후견인 역할을 하거나 사업을 경영하는 데 방해가 되는 것처럼 보일지라도 실제로는 그렇지 않았다. 왜냐하면 정숙만이 유일한 사회적 미덕은 아니었기 때문이다. 사람들은 성실한 노동 또한 중시했다(다음 장에서 보겠지만 그들은 가족이나 도시에 대한 충실함 또한 칭송했다). 여성의 노동은 단정치 못하게 여겨지지 않았고, 그저 사회적 기대에 따라 살아가는 삶의 일부일 뿐이었다.

요약하자면, 정숙은 이 시기 여성에게 이상적인 덕목이었다. 하지만 우리는 여성의 미덕이 여성의 활동 능력을 제한하기만 했던 사회적 힘이었다고 생각해서는 안 된다. 지역사회나 자기 가족을 지원하는 여성들은 종종 고결한 여성으로 인정받았다. 이러한 사례들은 현대 독자들에게 모순적으로 보일 수 있는데, 여성의 미덕을 복종의 의미에서 좁게 해석하기 때문이다. 그러나 활발하게 활동하는 여성들이 정숙함을 인정받았다는 사실은 좀 더 복합적인 가치 체계를 보여 준다.

우리는 정숙한 여성이라고 하면, 절대 집을 떠나지 않거나 항상 주변 남성이 시키는 대로 하는 여성을 떠올릴 수 있다. 그러나 근면한 여성이 되려면 가족을 위해 아주 바쁘게 열심히 일해야 했다. 이 일 때문에 집 밖으로 나갈 수도 있고, 다른 사람에게 일의 진행 방식을 두고 명령을 내려야 하는 상황이 생길 수도 있었다. 가족을 위해 정치적 옹호 활동을 하거나, 가족 사업을 더 원활하게 경영하기 위해 후견인을 찾아야 할 수도 있었다. 이 모든 것은 고결한 행동으로 여겨졌고, 이 때문에 여성의 정숙함이 침해된다고 생각하지는 않았다. 여성이 꼭 주변의 다른 남성과 동등한 존재로 여겨졌다는 뜻은 아니지만, 여전히 사회적 기준은 여성의 이러한 활동을 지지했다.

미덕들 사이의 상호작용 역시 고결함이 다양한 형태로 드러나는 문화적 토양을 만들었다. 여성들은 단 하나의 여성적 미덕의 틀에 국한되기보다, 삶에서 마주치는 특정한 상황 속에서 다양한 미덕을 추구했다. 이 복잡성은 왜 당시 여성의 역할이 남성에 대한

> "활동적인 여성은 당시 문화에
> 반하는 이탈자가 아니라
> 사회적으로 받아들여지는
> 일을 하고 있었다."

복종이나 수동성 등으로 정의되는 하나의 역할로 제한되지 않았는지를 설명하는 데 도움이 된다. 여러 미덕은 더 넓은 범위의 역할들을 지지했다. 미덕들 간의 상호작용은 또한 활동적인 여성이 당시 문화에 반하는 이탈자가 아니라 사회적으로 받아들여지는 일을 하고 있었음을 시사한다.

고대 여성의 더 폭넓은 활동 가능성을 볼 수 있게 된 것은, 당시 여성의 경제적·사회적 역할과 지위의 증거를 해석하는 중요한 도구가 된다. 당시 지역사회는 활동적인 여성들을 금지된 행동을 하는 이들로 보기보다 고결한 여성으로 받아들였다. 당시 사회적 기준들은 복종하는 행위뿐 아니라 활동과 리더십 또한 지지했다.

신약성경에 나타난 근면

4장에서 보았듯이 신약성경은 여성 인물과 관련하여 몇 가지 직업만을 언급한다. 사도행전은 루디아의 직업을 '자색 옷감 장사'(행 16:14)로 기록한다. 본문은 루디아의 사업에 대해 자세히 언급하지 않지만, 추측건대 그는 이 일을 통해 가족을 부양했고 덕분에 바울과 같은 방문 교사를 접대할 여유도 생겼을 것이다. 또한 브리스길라와 아굴라는 천막 만드는 사람들이었는데(행 18:3), 이들에 대해서도 정보가 그리 많지 않다. 당시 문화적 배경에 비추어 볼 때, 두 사람이 여러 곳을 옮겨 다니며 함께 일했고, 또 브리스길라가 복음의 전파를 위해 공헌한 만큼 가정 경제에도 상당한 공헌을 했으리라 추측할 수 있다.

다음 본문들을 읽으며 근면의 미덕에 대해 살펴보자.

사도행전 9:36-40

욥바에 다비다라 하는 여제자가 있으니 그 이름을 번역하면
도르가라. 선행과 구제하는 일이 심히 많더니 그때에 병들어
죽으매 시체를 씻어 다락에 누이니라. 룻다가 욥바에서
가까운지라. 제자들이 베드로가 거기 있음을 듣고 두 사람을
보내어 지체 말고 와 달라고 간청하여 베드로가 일어나 그들과
함께 가서 이르매, 그들이 데리고 다락방에 올라가니 모든
과부가 베드로 곁에 서서 울며 도르가가 그들과 함께 있을 때에
지은 속옷과 겉옷을 다 내보이거늘, 베드로가 사람을 다
내보내고 무릎을 꿇고 기도하고 돌이켜 시체를 향하여 이르되
다비다야 일어나라 하니 그가 눈을 떠 베드로를 보고 일어나
앉는지라.

1. 여성의 노동을 나타내기 위해 사용된 표현은 무엇인가?

2. 이 행동들은 어떤 면에서 칭찬할 만한가?

디모데전서 5:9-10

과부로 명부에 올릴 자는 나이가 육십이 덜 되지 아니하고 한 남편의 아내였던 자로서 선한 행실의 증거가 있어 혹은 자녀를 양육하며 혹은 나그네를 대접하며 혹은 성도들의 발을 씻으며 혹은 환난 당한 자들을 구제하며 혹은 모든 선한 일을 행한 자라야 할 것이요.

1. 여성의 노동을 나타내기 위해 사용된 표현은 무엇인가?

2. 이 행동들은 어떤 면에서 칭찬할 만한가?

10. 충실

뵈뵈는 로마를 여행했고, 후견인과 집사로 섬겼으며, 동시에 '추천할 만한' 사람이었다. 지금까지 우리는 뵈뵈와 같은 사람이 어떻게 당시 여성에게 요구되던 전통적 기준에 부합하면서도 동시에 이런 일들을 감당할 수 있었는지를 숙고했다. 우리는 당시 여성에게 수동성과 복종에 대한 기대가 있었다고 생각한다. 그렇다면 뵈뵈와 같은 사람은 사회적 이탈자였을까? 아니면 당시 사회규범이 여성의 이런 행동 양식을 지지했을까?

우리는 충실이라는 고전적 미덕을 통해 이 딜레마에 응답할 수 있다. 앞서 검토했던 묘비문들은 바로 이 덕목의 중요성을 강조하고 있으며, 우리는 8장 무르디아의 사례에서 아들이 그를 찬양하며 남긴 비문을 살펴보았다. "나의 가장 소중한 어머니는 그 어떤 이들보다 칭송을 받아 마땅하다. 어머니는 정숙과 예절, 순결, 순종, 양모 가공일, 근면, 충실함에서 다른 훌륭한 여인들에 필적할 뿐 아니라, 미덕과 노동과 위험한 순간에 발휘하는 지혜에 있어서도 다른 어떤 여인들에 뒤지지 않았다."[1] 무르디아의 아들은 앞서 살펴본 여러 품성들 가운데서 어머니의 충실함을 강조하고 있다.

> "충실함은 가족과 도시와 신들을 향한 헌신에서 비롯된 행동이었다."

우리의 관점에서는, 여성이 가족에게 충실해야 한다는 사회적 기대가 있다면 여성이 스스로 생각하거나 단독적으로 행동할 수 없었을 것이라 생각할 수 있다. 우리는 이 장을 통해, 당시 사람들이 생각한 충실함은 가족과 도시와 신들을 향한 헌신에서 비롯된 행동이었음을 보게 될 것이다.

가족에게 헌신한 여성들

충실에 관한 몇몇 사례들은 우리의 선입견에 부합할 수도 있다. 다른 고전적 덕목과 함께 열거되는 충실은 남편의 요구를 수동적으로 받아들이는 태도로 들릴 수 있다. 충실이 '예절, 순결, 순종'을 포함하는 긴 목록의 마지막에 놓이면, 그것을 좁은 의미에서 복종으로 이해하기 쉬운 것도 사실이다.

또한 충실은 양모 가공이라는 상징적 활동에서 흔히 근면 같은 다른 미덕과 함께 묶여 이해되곤 했다. 기억하다시피 옷을 짓는 일은 여성이 가족의 이익을 위해 수행했던 노동을 상징했다. 하지만 이러한 자질은 가족의 이익을 위해 이 힘든 노동을 감내한다는 사실을 전달함으로써 충실함 또한 보여 준다.

사실 옷 짓는 일과 관련된 가장 유명한 이야기 중 하나는 충실을 다룬 이야기이며, 아마도 다수의 신약성경 초기 독자들도 알고 있었을 것이다. 《오뒷세이아》에서 호메로스는 페넬로페라는 여인이 트로이 전쟁에 나간 남편 오뒷세우스를 어떻게 기다렸는지 이야기한다. 그가 몇 년간 집을 떠난 사이, 많은 남성이 페넬로페에게 접근해 오뒷세우스는 죽었을 테니 그들 중 하나와 재혼해야 한다고 요구했다. 그러나 페넬로페는 충실한 사람이었다. 어느날 페넬로페는 구혼자들에게 시아버지의 수의를 다 지을 때까지만 기다려 주면 재혼을 고려하겠다고 말했다. 그래서 페넬로페는 낮에는 앉아서 수의를 짓고 밤에는 풀어 버리기를 반복했다. 그러면서 더는 구혼자들을 상대하지 않아도 되었던 것이다! 페넬로페는 미덕의 상징 같은 여성이 되었고, 그의 이야기는 옷을 짓는 일이 고된 노동이라는 인식과 그것이 충실함에서 비롯한 행동이라는 인식을 결합했다. 옷 짓는 일은 시아버지를 위한 노동이었으나 동시에 페넬로페는 그 행동을 통해 오뒷세우스에 대한 충실함을 보여 주었다.

그 이후로 사람들은 양모 가공일을 언급할 때 가족을 향한 충실함 또한 나타냈다. 8장에서 살펴본 투리아의 사례도 바로 여기에 속한다. 그의 남편은 투리아의 '정숙, 순종, 상냥함, 좋은 성품'과 함께 '지치지 않고 양모 가공일을 했던 근면함'을 찬양했다.[2] 그가 사용한 단어들을 통해 독자는 투리아의 충실함을 알아볼 수 있다.

충실의 예시들

"충실함은 표면을 벗기고
내부를 들여다볼수록 복잡한
덕목이다."

정숙과 마찬가지로, 충실함 역시 표면을 벗기고 내부를 들여다볼수록 복잡한 덕목이다. 그것은 그저 가족 구성원에게 필요한 옷을 지어 주는 것 이상이다! 충실함으로 인해 칭송을 받았던 여성들의 몇 가지 사례를 고찰해 보도록 하자.

우리는 앞서 무르디아의 사례를 살펴보았다. 그의 아들은 충실을 포함해 무르디아의 여러 품성을 열거했는데, 비문의 뒷부분으로 가면 충실을 나타내는 특정한 행동들을 칭송하는 부분이 나온다. 사실은 무르디아가 결혼하고 자녀를 낳은 뒤에 남편이 먼저 사망했다. 그는 남편의 재산 대부분을 상속받았고, 그중 일부는 자녀들의 것이었다. 이후 무르디아는 재혼을 했는데 누구도 그것을 삐딱하게 보지 않았다(사실 당시는 재혼이 정상적인 것이었다). 그러나 두 번째 결혼은 충실의 문제를 복잡하게 만들 가능성이 있었다. 무르디아의 아들은 그의 어머니가 충실했다고 칭송하는데, 그 이유는 전남편의 재산을 두 번째 결혼을 하고 얻은 재산과 분리해 두었기 때문이다. 무르디아는 유언장에 전남편의 재산은 그 자녀들에게 상속할 것이라고 명시해 두었다. 그의 아들은 무르디아가 이와 다르게 행동할 권한이 충분했음에도 불구하고 자녀들에게 유산을 남겼다는 사실을 두고 무르디아가 충실했다고 표현한다.

오늘날의 독자를 놀라게 할 또 다른 충실한 여성은 투리아다.

남편이 쓴 장문의 비문은 투리아의 인생에 대한 자세한 정보들을 남겼고, 구체적으로 어떤 일들이 투리아의 미덕을 드러냈는지 알 수 있게 해 준다. 그의 삶은 초반에 간단히 나열된 덕목보다 훨씬 흥미로웠다. 하나만 꼽자면, 그의 남편은 투리아가 부모님의 죽음에 대한 원수를 갚았다고 칭송한다! 그리고 몇몇 여자 친척들을 재정적으로 지원하기도 했다. 그는 확실히 상당한 재산가였으며 스스로 주도권을 가진 여성이었다.

여기 더해, 그의 남편은 투리아가 어떻게 그를 성공적으로 옹호해 주었는지도 서술한다. 투리아와 그의 남편은 로마 내전 시대(예수님이 태어나신 당시의 황제였던 카이사르 아우구스투스의 집권 이전 시대) 인물들이었다. 투리아의 남편은 패전한 쪽에 속해 있었지만, 카이사르로부터 형벌을 면제받았다. 그러나 카이사르의 측근 중 한 명은 투리아가 저항하기 전까지 그 면책을 인정하지 않았다. "당신이 그의 발밑에 엎드렸을 때, 그는 당신을 일으켜 세우기는커녕 당신을 붙잡아 노예처럼 끌고 다녔습니다. 몸이 온통 멍으로 뒤덮였는데도 당신은 굴하지 않는 의지로 아우구스투스 카이사르의 면책 칙령을 그에게 상기시켰습니다."[3] 그의 남편은 이런 수난을 견뎌내고 그가 정치적 입지를 회복할 수 있게 해 준 투리아를 찬양했다.

투리아는 그의 '정숙, 순종, 상냥함, 좋은 성품'과 **함께** 국가적 혼란기에 남편을 성공적으로 보호했던 일로도 칭송받았다. 투리아의 이야기 속 이런 세부 내용들은, 그를 결연하고 가족의 필요를 적극적으로 추구하는 인물로 그리고 있다는 점에서 흥미롭다. 그리고 남편은 투리아를 이런 식으로 묘사하는 것에 대해 전혀 모순을 느끼지 않는 것 같다. 그는 '투리아는 레피두스를 상대할 때만 제외하면 당대 최고로 정숙했다'거나, '부모님을 위해 복수할 때만 제외하면 좋은 성품을 가졌다'고 말하지 않는다! 그에게 있어 자신이 전하는 이야기들은 모두 투리아의 미덕을 **확증한다**.

투리아가 존경받는 방식이 우리에게는 낯설 수 있지만, 이 시대의 자료들은 이와 유사한 방식으로 여성을 칭송하는 모습을 거듭 보여 준다. 이 시대 여성들은 전통적 미덕뿐 아니라 가족이나 지역사회를 대표해서 취한 행동으로 인해서도 존경받았다. 여성의 행동은 미덕에 위배되는 예외적 행동이 아니라, 그 미덕의 증거로 언급되었다.

"여성의 행동은 미덕의 증거로 언급되었다."

투리아와 무르디아 같은 여성들은 가족의 필요를 채우기 위해 적극적으로 노력했다는 점에서 칭송받았다. 그러한 필요는 정치적 옹호나 재산 관리까지 포함했고, 동시에 이 여성들은 정숙과 순종의 측면에서도 칭송받았다. 그들의 역사적 맥락 속에서 이 덕목들은 우리가 흔히 짐작하는 것보다 훨씬 넓은 범위의 의미를 포괄했다.

충실한 여성이 된다는 것은 가족이나 지역사회의 필요를 충족시키기 위해 적극적으로 참여한다는 뜻이었다. 고결한 여성이 이렇게 행동한다는 것은 당시 사람들에게 어떻게 받아들여졌을까? 이해할 필요가 있는 중요한 사항은, 당시 여성이 고결하다는 칭송을 받는 방법이 한 가지가 아니었다는 점이다. 현대인들은 흔히 고대의 고결한 여성이 절대 자기 의견을 내세우거나 강하게 주

장하지 않았을 것이라 생각한다. 그러나 실제로 사람들은 복종뿐
만 아니라 다른 행동 또한 가치 있게 여겼다.

여성의 옹호 활동이 사회적으로 받아들여질 수 있었던 이유
중 하나는 그것이 충실한 행동으로 여겨졌기 때문이다. 투리아의
가족은 위기에 처해 있었고, 그는 자신의 영향력을 사용하여 상황
이 더 나아지게 할 충분한 사회적 지위가 있었다. 그리고 실제로
그렇게 행동함으로써 자기 가족에게 더 나은 상황이 실현되었다.
그러므로 그 행동은 선한 것이다. 그렇지 않은가? 무르디아의 상
황도 유사했다. 그는 전남편의 재산을 그들 사이에 출생한 자녀들
에게 이익이 되도록 배분했고, 그것이 남편에 대한 충실함으로 여
겨졌다.

가족에 대한 충실(loyalty)은 매우 중요했으며, 이는 도시와 신
들에 대한 충성(loyalty)이라는 미덕과도 연결되었다. 자기 가족에
게 충성을 다하는 것은, 가족이 제 기능을 하고 구성원 간에 정서
적 연대를 구축하는 데 중요한 영향을 끼쳤다. 한편 도시나 시민에
대한 충성은 도시 후견 활동에 동기를 부여했다. 사람들은 자기 가
족을 위해 일하고 희생하는 것과 동일한 방식으로 도시를 위해 일
하고 희생했다. 이 모든 것은 보호와 도움을 베푸는 대가로 사람에
게 충성을 요구하는 신들을 기쁘게 하는 일로 여겨졌다.

신들과 도시와 가족, 이 셋에 대한 헌신은 하나로 묶여 있었
다. 모든 것이 순탄할 때 사람들은 셋 중 하나를 선택할 필요가 없
었다. 가족을 위해 일하는 것은 곧 도시의 이익을 보호한다는 의미
였고, 이 모든 것은 곧 신을 기쁘게 하는 일이었다.

> "가족을 향한 여성의 충실함은
> 종종 시민적 충성과 겹쳤다."

이것이 바로 가족을 향한 여성의 충실함이 종종 시민적 충성과 겹쳤던 이유다. 플루타르코스는 공동체를 위해 용감하게 행동한 여성들에 대한 이야기 모음집을 썼는데, 그중에 크세노크리테라는 여성에 대한 이야기가 있다. 그 도시를 지배했던 폭군 아리스토데무스는 크세노크리테의 아버지를 추방하고 사람들을 노역에 동원했다. 이에 크세노크리테는 아리스토데무스의 통치를 반대하는 몇 명의 사람들과 모략을 꾸몄다. 그는 아리스토데무스를 좋아하는 척했고, 아리스토데무스는 곧 그에게 매혹되었다. 크세노크리테는 자신의 사람들에게 내부 정보를 주어 아리스토데무스에게 접근할 수 있게 했고, 마침내 그를 폐위시킴으로써 민주정을 회복했다. 크세노크리테의 사람들은 "그를 데메테르 신전의 사제로 뽑았다. 그리고 그 명예가 크세노크리테에게 걸맞을 뿐 아니라 데메테르 여신을 기쁘게 할 일이라고 여겼다."[4] 크세노크리테는 자신의 아버지와 도시 모두에게 충성했으며, 그의 행동은 용감한 동시에 경건한 것으로 여겨졌다.

그러나 가문 구성원의 이익이 언제나 도시의 선과 일치하지는 않았다! 충돌이 일어나는 경우에는 신을 향한 헌신이 가장 중요한 미덕으로 여겨졌고 도시를 향한 충성이 그다음이었다. 가족에 대한 충실은 가장 마지막으로 고려되었다.

플루타르코스는 가족을 향한 애정까지도 초월해 도시에 충성을 보인 여성들이 남긴 말을 기록했다. 예를 들어, 어떤 여자가 "자기 아들을 매장하고 있을 때, 어느 평범한 노인이 와서 '이런 불운한 일이 있나, 불쌍한 여자로군' 하고 말했다. 그러자 여자는 '아니요, 맹세코 행운입니다. 스파르타를 위해 죽을 수 있게 하려고 아들을 낳았는데, 바로 그 일이 저에게 일어났습니다'라고 대답했다." 이 여성은 도시의 안녕이 자기 식구의 안녕보다 더 중요하다는 생각을 전달했다.

플루타르코스는 가족과 도시의 이해관계가 충돌하는 또 다른 사례를 언급한다. 퓌테스의 아내라고만 밝힌 어느 여성의 이야기로, 그의 남편은 도시의 지도자였지만 별로 좋은 사람은 아니었다! 그는 백성을 금광에 보내 중노동을 시키고, 다른 일이라곤 할 수 없게 만들었다. 심지어 먹고살기 위해 농작물을 경작하는 일조차도 말이다. 이에 마을의 여성들은 퓌테스의 아내에게 탄원했고 그 아내는 작전을 세웠다. 어느 날 퓌테스가 저녁을 먹으러 자리에 앉았을 때 그는 금으로 된 음식으로 접시를 가득 채워 올렸다. 처음에 퓌테스는 이 행동이 사랑스럽다고 생각했지만, 그것이 그날 식사의 전부임을 알자 화를 내기 시작했다. 아내는 그에게 말했다. "금만 넘쳐나고 다른 건 아무것도 남지 않게 만들어 버린 건 당신이에요. 모든 전문 지식과 기술이 사라져 버렸고, 아무도 농사를 짓지 않아요."⁵ 그의 중재로 퓌테스는 마음을 바꾸어 사람들이 다시 농사와 다른 일에 종사할 수 있도록 허락했다.

만약 여성이 그저 남편에게만 충실하고 복종해야 했다면, 플루타르코스는 퓌테스의 아내를 칭찬하기보다는 비난했을 것이다. 그 아내는 단지 가까운 가족뿐 아니라 모든 사람에게 충실함을 보였다. 이상적 상황이라면, 그의 충실함이 갈등을 일으키지 않았을 것이다(퓌테스가 그렇게 멍청한 선택을 할 리가 없었을 테니 말이다!). 퓌테스가 해로운 행동을 하고 있을 때도 그의 아내는 여전히 도시의 사람들에게 헌신함으로써 미덕을 보여 주었다. 그는 모두의 이익을 대변하는 정책 변화를 이끌어 내기 위해 자신의 영향력을 사용했다.

따라서 우리는 매사에 남자에게 복종하는 것, 그리고 남성이 이끌 때 수동적으로 따라가는 것이 여성의 미덕이었다고 생각해서는 안 된다. 여성은 여러 이유로 자신의 의지를 따라 행동해야 했고, 그런 행동은 잘못이 아니었다. 그리고 그 행동이 가족이나 도시에 대한 충실함의 표현이 될 때, 고결한 여성으로 칭송받았다.

신약성경에 나타난 충실함

언뜻 보기에 신약성경은 대체로 가족 간의 충실에 관해 당시 일반적인 사회 관습과 가치를 공유하지 않는 것 같다. 어쨌거나 예수님은 아버지를 매장하러 돌아가려는 제자를 말리셨으니 말이다 (마 8:21-22; 눅 9:59-60). 하지만 이 본문의 논점은 하나님을 향한 충성이 가족에 대한 의무보다 더 상위의 가치라는 것이다. 만약 예수를 따르는 일이 가족에 대한 충실과 충돌한다면, 제자는 가족보다 그분을 선택해야 한다. 이는 신을 향한 헌신을 가장 우선적인 덕목으로 여겼던 당시 사회의 시각과 유사하다.

우리는 마가복음 3:34-35에서도 가족에 대한 충실을 재정의

하는 다른 예시를 찾을 수 있다. 예수님은 자신을 찾아온 어머니와 동생들을 만나기를 거절하시고, "둘러앉은 자들을 보시며" 말씀하셨다. "내 어머니와 내 동생들을 보라. 누구든지 하나님의 뜻대로 행하는 자가 내 형제요 자매요 어머니이니라." 이때 예수님은 자신을 따르는 사람들 사이에 가족의 유대를 창조하고 계셨다. 가족에 대한 충실은 여전히 중요한 가치이지만, 이제 그 충실함은 새로운 가족에게로 전환된다. 이 이야기는 하나님을 향한 충성이 원가족을 향한 충실함보다 더 중요한 가치임을 다시금 보여 준다.

그러나 우리는 신약성경에서 가족 간의 충실을 보여 주는 더 전통적인 사례들도 발견할 수 있다. 예를 들어, 세베대의 아들들의 어머니는 예수님께 나아와 아들들이 큰 보상을 받게 해 달라고 청탁했다. 아들들과 함께 예수님 앞에 무릎을 꿇고 그 어머니는 이렇게 말한다. "나의 이 두 아들을 주의 나라에서 하나는 주의 우편에, 하나는 주의 좌편에 앉게 명하소서"(마 20:21). 여기서 우리는 자녀들의 유익을 위해 위험을 무릅쓰는 여성을 발견한다. 결국 그의 요청은 잘못된 것으로 밝혀지는데, 예수님이 그 자리는 그분이 주실 수 있는 것이 아니며, 가장 큰 자는 섬기는 자라고 제자들에게 말씀하시기 때문이다(마 20:23, 26-27). 그럼에도 이 이야기의 초기 독자들은 어머니의 행동이 나쁘다고 생각하지는 않았을 것이다. 그는 그저 자기 아들들을 옹호하는 행동을 했을 뿐이다.

이제 다음 본문들에서 충실한 행동을 살펴보자.

가나안 여자의 이야기

가나안 여자 하나가 그 지경에서 나와서 소리 질러 이르되 주다윗의 자손이여 나를 불쌍히 여기소서 내 딸이 흉악하게 귀신들렸나이다 하되, 예수는 한 말씀도 대답하지 아니하시니 제자들이 와서 청하여 말하되 그 여자가 우리 뒤에서 소리를 지르오니 그를 보내소서 예수께서 대답하여 이르시되 나는 이스라엘 집의 잃어버린 양 외에는 다른 데로 보내심을 받지 아니하였노라 하시니, 여자가 와서 예수께 절하며 이르되 주여 저를 도우소서 대답하여 이르시되 자녀의 떡을 취하여 개들에게 던짐이 마땅하지 아니하니라. 여자가 이르되 주여 옳소이다마는 개들도 제 주인의 상에서 떨어지는 부스러기를 먹나이다 하니, 이에 예수께서 대답하여 이르시되 여자여 네 믿음이 크도다 네 소원대로 되리라 하시니 그때로부터 그의 딸이 나으니라 (마 15:22-28).

1. 이 여성의 어떤 행동이 충실을 표현하는가?

2. 이 여성은 누구에게 충실한가?

예수님의 죽음과 매장과 부활 현장의 여성들

마태는 예수님이 돌아가시고 매장되고 부활하시는 현장에 있었던 여성들을 다음과 같이 묘사한다.

십자가 사건의 현장: "예수를 섬기며 갈릴리에서부터 따라온 많은 여자가 거기 있어 멀리서 바라보고 있으니, 그중에는 막달라 마리아와 또 야고보와 요셉의 어머니 마리아와 또 세베대의 아들들의 어머니도 있더라"(마 27:55-56).

매장지: "거기 막달라 마리아와 다른 마리아가 무덤을 향하여 앉았더라"(마 27:61).

부활 현장: "안식일이 다 지나고 안식 후 첫날이 되려는 새벽에 막달라 마리아와 다른 마리아가 무덤을 보려고 갔더니"
(마 28:1).

1. 이 여성들의 어떤 행동이 충실을 표현하는가?

2. 이 여성들은 누구에게 충실한가?

'우리 자매 뵈뵈'

바울은 뵈뵈를 '우리 자매 뵈뵈'(롬 16:1)로 소개한다. 바
울이 사용하는 가족적 언어는 뵈뵈와 바울과 로마 교회
의 관계에 대해 무엇을 암시하고 있을까?

11. 조화로운 결혼 관계

뵈뵈가 결혼한 여성이라는 상상을 한번 해 보자. 만약 그랬다면, 그는 남편을 두고 혼자 로마에 간 것으로 보인다. (본문은 뵈뵈를 소개하면서 남편을 언급하지 않는다.) 왜 남편이 아니라 **뵈뵈가** 후견인으로 소개되었을까? 결혼한 여성이 결혼에 관한 사회적 관습을 깨지 않고도 뵈뵈처럼 행동하는 것이 가능했을까?

성경 해석자들은 당시 기혼 여성들이 남편에게 종속되었기에 그들의 삶이 극단적으로 제한되었을 것이라고 흔히 상상한다. 우리는 흔히 결혼이란 남성에게 아내를 완벽히 지배할 권한을 주는 어떤 것이라 이해해 왔다. 그래서 기혼 여성은 남편에게 복종하는 존재라고(한편 결혼하지 않은 여성이나 과부는 이런 제한에서 자유로울 수 있었다고) 결론 내렸다. 몇몇 해석자들은 뵈뵈가 교회 내에서 중요한 역할을 수행하면서도 남편이 언급되지 않는다는 점을 근거로 그가 미혼 여성이었을 것이라 추측하기도 한다.

남편이 주도권을 가져야 한다는 이상을 규정한 사회적 기준이 있기는 했지만, 우리는 지금까지 그 사회적 통념을 수정하는 여러 문화적 관행을 확인했다. 아내들은 자기 재산을 소유하고 관리했다. 지참금의 경우도, 남편이 결혼 기간 동안 그것을 관리하는 것은 사실이었지만 원칙상 그것은 아내의 소유였고 결국은 여자에게 반환되었다. 우리는 또한 결혼한 여성이 시민적 지도력으로 존경받는 사례들도 보았다.

> "남편과 아내 모두 가족 전체의 선을 적극적으로 추구했을 것이다."

어떻게 이 모든 것이 서로 맞아 들어갈 수 있었을까? 이 장에서 우리는 계속해서 고대 사람들이 결혼 관계를 둘러싼 문화적 규범들을 어떻게 이해하고 적용했는지 생각해 볼 것이다. 고대인들은 항상 남편이 주도권을 가지는 것이 낫다고 생각했다. 그러나 이러한 선호가 우리가 생각하는 방식대로 여성의 삶을 제한하지는 않았다. 결혼 관계가 순탄하다면 남편과 아내 모두 자신의 영향력과 자원을 활용하여 가족 전체의 선을 적극적으로 추구했을 것이다.

조화로운 결혼 관계의 이상

사실상 당시 사회는 남편이 주도권을 갖는 것을 이상적으로 여겼다. 당시 남편들이 아내보다 보통 5-10세 정도 연상이었다는 점을 기억하라. 나이로 인해 남편의 서열은 더 높았고 보통 삶의 경험도 더 많았으며, 아마도 더 많은 교육을 받았을 것이다. 남편이 이런 사회적 자원을 가지고 더 유리한 위치에 있었기 때문에, 당시 사람들에게는 어린 아내가 남편을 따르는 것이 타당해 보였다.

철학자 플루타르코스가 결혼에 관한 논고에서 제시한 모범적 상황은, 남편이 아내보다 높은 지위에 있고 아내가 남편에게 순응하는 것이다. 한 대목에서 그는 남편을 왕에, 아내를 철학자에 비유한다. 높은 지위를 가진 왕은 철학의 후견인이 됨으로써 명예를 얻을 수 있다. 그것이 바른 방식이다. 그러나 철학자가 왕의 호의를 얻으려고 너무 밀어붙이면 철학자도 왕도 결국 평판이 깎일 것이다. 철학자처럼 아내는 상대적으로 낮은 지위를 가진다. 남편에게 순종하는 아내는 남편이 더 높은 지위를 가진다는 사회적 차이를 인정한다.

같은 문단에서 플루타르코스는 남편이 아내를 '지배'한다는 것이 무엇인지를 보여 주는 청사진을 제시한다. "남편이 아내를 다스린다는 것은, 주인이 노예를 다스리듯이 하는 것이 아니라, 영혼이 몸을 다스리듯 아내의 감정을 공유하고 사랑 안에서 함께 자라 가는 것이다. 그것이 바른 방식이다. 사람은 몸의 쾌락과 욕망의 노예가 되지 않고도 자신의 몸을 보살필 수 있으며, 또한 아내에게 기쁨을 주고 친절히 대하면서도 그를 다스릴 수 있다."[1]

여기서 플루타르코스는 이상적 관계를 구체적으로 제시한다.

남편은 주도권을 행사하지만, 결코 폭력적인 방식으로 하지 않는다. 노예에게는 신체적 형벌을 가하는 것이 허락되면서도 자유인에게는 그럴 수 없듯이, 남편은 아내를 노예 대하듯 할 수 없다. 절대 기준은 강압 없이 가정을 이끌어 갈 수 있는 현명한 남편이다.

이상적이지 못한 상황들

물론 대부분의 결혼 생활이 늘 이상적이지는 않았다! 그래서 우리는 플루타르코스의 글이 꾸준히 현실에 적용되어서 당시 누구나 행복한 결혼 생활을 했으리라 상상해서는 안 된다. 사실 플루타르코스는 자신의 논고에서 이상적 궤도를 이탈한 많은 사례들을 숙고하고 있다. 이러한 이야기들과 여타 증거들에 기반해, 우리는 이상적이지 못한 상황에 놓인 여성이 취할 수 있었을 행동들을 추측할 수 있다. 이 시나리오들은 남편과 아내 사이의 힘의 균형에 대해 몇 가지를 알려 준다.

극단적인 경우 남편이든 아내든 이혼을 선택할 수 있었다. 3장에서 우리는 트뤼파이네를 위해 쓰인 법정 문서의 일부를 살펴보았다. 문헌은 트뤼파이네의 남편이 "[지참금을] 낭비하고 학대하고 모욕했으며, 나를 폭행하고 마치 내가 그에게 예속된 노예인 양 대했다"고 주장한다. 모두 플루타르코스가 금했던 일들이다. 결과적으로 그는 남편과 이혼하고 지참금을 반환하게 해 달라는 탄원서를 법원에 제출했다. 혼인 관계를 유지시키려 하는 사회적 압박이 당시에도 존재하긴 했지만, 반드시 결혼을 유지해야 하는 것은 아니었고, 트뤼파이네와 같은 여성은 남편과 이혼하고 지참금 반환을 청구할 수 있었다.

이혼 시 남편이 지참금을 반환해야 한다는 사실은 남편과의 관계에서 여성에게 힘을 실어 주었다. 일반적으로 지참금이 부부의 자산 전체와 비교해 큰 분량은 아니었지만, 남편들이 이를 없는 것보다는 낫다고 생각했으리라는 점은 쉽게 짐작할 수 있을 것이다. 지참금은 남편들이 배우자와 함께 문제를 해결해 나가는 데 있어 어느 정도 동기를 부여했다.

> "지참금은 남편들이 배우자와 함께 문제를 해결해 나가는 데 있어 어느 정도 동기를 부여했다."

몇몇 자료들은 아내가 부유한 경우 남편보다 더 큰 힘을 가졌을 가능성도 제시한다. 이는 단지 아내가 지참금을 가지고 떠날 수 있었기 때문만이 아니라, 부유한 사람이 보통 사회적 지위도 더 높았기 때문이다. 부유한 아내들은 결혼 생활에서 '문제'를 일으키곤 했는데, 이는 남편이 주도권을 갖는 것이 사회적 이상이었기 때문이었다. 남편보다 부유한 아내는 남편의 나이, 경험, 교육 수준으로 발생한 사회적 격차를 극복할 수 있었고, 관계에서 더 큰 권력을 확보할 수 있었다. 당시 남성 작가들은 이러한 상황들을 헐뜯곤 했다. 누군가는 독자를 향해 "당신은 아내의 아내가 되고 싶지는 않을 것"이라고 했는데, 이는 부유한 여성을 아내로 둔 남

> "부유한 아내는 남편보다 더 나은 사회적 지위를 가질 수 있었다."

편이 더 낮은 사회적 지위를 가짐으로써 '아내'의 위치에 놓이게 되리라는 뜻이었다. 그 작가의 말에서 우리는 남편이 더 높은 지위를 가져야 한다는 전제와, 아내들이 얼마간의 권력을 쥐고 있었던 현실을 모두 확인할 수 있다. 부유한 아내는 남편보다 더 나은 사회적 지위를 가질 수 있었다.

아내가 가진 사회적 권력이 그저 나쁘기만 한 것은 아니었다. 몇몇 남성은 자신보다 부유한 여성을 아내로 맞는 것을 환영했다. 그 여성은 많은 지참금과, 자신의 일에 도움을 줄 만한 중요한 사회적 연결망을 많이 가졌을 것이기 때문이었다. 그런 여성은 돈과 문화 자본이 있었으며 이를 자기 가족을 위해 쓸 수 있었다. 엘리트 남성은 이러한 상황을 이상적이지 못하다고 폄하했을지도 모른다. 그러나 이런 결혼을 한 사람들은 자신의 상황에 꽤 만족했을 수 있다.

조화로운 결혼 관계의 실제

이 시기 여성이 가졌던 사회적 지위나 부를 생각해 보면, 부부들이 결혼 관계의 조화를 가장 우선시했으리라는 점은 그리 놀랍지 않다. 남편과 아내 모두 사회적 영향력이 있었기 때문에, 그들은 함께 노력해서 가정 전체의 이익을 증진할 수 있었다. 반대로 서로 갈등이 생기거나 각자의 이해가 불일치할 때, 그들은 서로의 삶을 힘들게 만들 수도 있었다.

조화로운 결혼 관계의 이상은 종종 묘비문을 통해 명확하게 언급된다. 이러한 비문들은 그 관계의 가장 좋은 점을 부각하려는 의도로 만들어졌기 때문에, 그 관계의 전체 모습을 다 알려 주지는 않는다. 다만 분명한 것은 부부들이 자신들의 관계를 조화로운 것으로 그리고 **싶어 했다**는 점이다. 이러한 이상은 당시 세워진 추모 비들에서 반복적으로 등장한다.

한편 이 추모비들은 기혼 여성이 어떤 삶을 살 수 있었는지에 대해 대략적 윤곽을 제공하기도 한다. 예를 들어 4장에서 우리는 한 여성 의사를 위해 쓰인 추모 문구를 살펴보았다. "루키우스 비비우스 멜리토의 딸이자 의사였던 프리밀라를 위하여. 그는 44년의 생애 동안 루키우스 코에케이우스 압토루스와 불화 없는 30년을 함께했다. 압토루스는 순결한 최고의 아내와 자신을 위해 이 비석을 세웠다."[3] 프리밀라는 의술을 잘 아는 사람이었다. 이 비문은 그 여성이 주체적으로 활동할 능력과 사회적 지위가 있었고, 삶의 모든 면이 남편에게 통제되지는 않았음을 보여 준다. 그러나 프리밀라의 남편은 또한 '불화 없는'이라는 표현을 통해 그 결혼이 조화로운 것이었다고 기억한다. 그것이 사실이라면, 이 표현은 그들이 자신들의 이익과 목표를 분리되지 않은 공동의 것으로 받아들이는 능력이 있었음을 시사한다.

투리아를 기리는 훨씬 긴 비문은, 아내가 가족을 위해 무엇인가를 이루고자 할 때 어떻게 자기 힘을 사용할 수 있는지를 보여 준다. 10장에서 보았듯이 투리아의 남편은 그를 여성적 미덕의 귀감이라 칭송했고, 또한 남편을 옹호한 행동에 찬사를 보냈다. 투리아는 상당한 사회적 영향력이 있었고, 유력 정치인에 맞서 남편을 옹호함으로써 가족 전체의 선을 위해 영향력을 행사했다. 이렇게 남편을 위해 자신의 사회적 영향력을 사용한 것은 결혼 관계의 조화를 나타내는 사례다.

플루타르코스의 〈신랑 신부에게 보내는 조언〉 또한 고대의 결혼에 단순한 거래 이상의 어떤 것이 있었음을 시사한다. 남편은 자기 아내에게 적대감을 불러일으켜서는 안 된다. 예를 들어 그는 다른 여성의 향수 냄새를 묻히고 집에 돌아와서는 안 된다. 또한 아내는 늘 자기 남편을 두고 험담하는 여자들과는 어울리지 말아야 했다. 즉 남편이 아내를 '다스려야' 한다고 말한 플루타르코스도 조화로운 결혼 관계를 위해서는 양편이 행동 방식을 조정해야 한다고 조언했다.

그의 글은 에우리디케라는 결혼을 앞둔 한 젊은 여성을 위해 쓴 것으로, 그는 플루타르코스의 제자였고 이는 그가 철학을 공부하는 상급 학생이었음을 뜻한다. 그리고 에우리디케의 어머니 클레아는 플루타르코스의 친구로서, 플루타르코스는 자신이 쓴 또 다른 글을 클레아에게 헌정하기도 했다. 후에 에우리디케의 딸은 델포이의 아폴론 신전 여사제였던 어머니를 기리는 석상을 제작했다. 이는 에우리디케가 플루타르코스의 조언을 잘 받아들여 남편과 이상적인 결혼 생활을 꾸리면서도 여전히 시민적 책임을 맡고 후견 활동을 해 나갈 능력이 있었음을 의미한다.

몇몇 사회적 기준들은 여성에 대한 남성의 지배권을 강화하기도 했지만, 이 권력의 차이는 여성이 남편과 별개로 주체적 행동

을 하지 못할 정도로 강력하게 표명된
것은 아니었다. 우리가 보았듯이 로마 "사람들은 서로 이해관계의
법은 여성에게 재산을 스스로 관리할   균형을 맞추고 함께 노력하는
권한을 허용했고, 여성에게 사회적 지   능력을 가치 있게 여겼다."
위가 있다면 가족에게도 사회적 이득
이 따랐다. 여기서 나는 당시 남편과 아내가 서로를 동등한 존재로
여겼다고 주장하는 것이 아니다(그런 일은 불가능해 보인다). 그러나
조화로운 결혼 관계라는 이상은 당시 사람들이 서로 이해관계의
균형을 맞추고 함께 노력하는 능력을 가치 있게 여겼음을 시사한
다. 그럴 **필요**가 있었던 것은, 양쪽이 각각 원하는 대로 쓸 수 있는
재산과 사회적 자원이 있었기 때문이다.

신약성경에 나타난 조화로운 결혼

부부의 관계라는 주제는 신약성경에 거의 등장하지 않으며,
우리가 아는 것은 몇몇 제자들이 결혼했다는 것 정도다. 적어도 시
몬은 장모가 있었다(막 1:30). 그러나 그들이 배우자와 관계 맺는
모습을 볼 수는 없다. 그런데 사도행전의 한 본문에서 결혼한 부부
와 그들의 재산 문제가 거론된다. 여성의 재산이 주제는 아니지만,
이 본문은 결혼 관계에 대해 어떤 시사점을 던진다는 점에서 흥미
로운 이야기다.

아나니아라 하는 사람이 그의 아내 삽비라와 더불어 소유를
팔아 그 값에서 얼마를 감추매 그 아내도 알더라. 얼마만
가져다가 사도들의 발 앞에 두니 베드로가 이르되, 아나니아야
어찌하여 사탄이 네 마음에 가득하여 네가 성령을 속이고 땅값
얼마를 감추었느냐 땅이 그대로 있을 때에는 네 땅이 아니며 판
후에도 네 마음대로 할 수가 없더냐 어찌하여 이 일을 네 마음에
두었느냐 사람에게 거짓말한 것이 아니요 하나님께로다.
아나니아가 이 말을 듣고 엎드러져 혼이 떠나니 이 일을 듣는
사람이 다 크게 두려워하더라(행 5:1-5).

이어서 삽비라 또한 사도들에게 거짓말을 하고 죽는다(행 5:7-10).

흥미로운 여러 지점이 있지만, 그중 부부의 관계라는 측면에
초점을 맞추어 보자. 베드로가 그 땅이 팔리기 전에 '네 땅이 아니
었느냐'고 말했듯이, 재산은 아나니아의 것이었다. 그러나 이야기
는 아나니아와 그의 아내가 재산을 팔기로 **합의**했다고 전한다. 베
드로는 이어 삽비라를 추궁하며 "너희가 어찌 함께 꾀하여 주의
영을 시험하려 하느냐?"(5:9)라고 말한다. 우리는 여기서 부부가
남성의 재산을 두고 함께 결정을 내리는 모습을 본다. 그들은 또한
자신들의 부를 가지고 공동체를 속이는 문제를 두고도 서로 합의
했다.

아나니아와 삽비라의 예시는 부정직함을 다룬다는 점에서 분
명 부정적인 사례이기는 하지만, 남편과 아내가 재산을 관리하는
문제로 협력했다는 사실이 독자들에게 그리 놀라운 일은 아니었

을 것이다. 사실 삽비라가 재산 처분을 둘러싸고 남편과 의사 결정을 함께 한 파트너가 아니었다면 그의 죽음은 불공평하게 여겨졌을 것이다. 법적으로 아나니아는 자기 재산을 팔기 위해 삽비라와 상의할 필요는 없었다. 그러나 사회적 관습에 따르면 좋은 관계를 맺고 있는 부부는 공동의 이해를 고려해 결정을 내렸다. 이야기는 삽비라가 남편의 사기에 적극적으로 가담했으며, 따라서 처벌받을 만했음을 보여 준다.

신약성경의 다른 부분에서 우리는 아내가 남편에게 순종해야 하고 남편은 아내를 사랑하며 잘 대해 주어야 한다는 당시의 문화적 이상을 단언하는 본문들을 본다. 당시의 문화적 배경을 유념하지 않고 이 본문들을 읽으면, 우리는 여성의 독립적 활동이 사회적 지지를 받았고, 또한 여성이 권력을 가지고 이를 사용하는 것을 종종 그 가족들이 원하고 필요로 했다는 사실을 잊게 된다. 신약성경의 언어가 실제로 그랬던 것보다 더 여성을 제한하는 인상을 주는 것이다.

"여성이 권력을 가지고 이를 사용하는 것을 종종 그 가족들이 원하고 필요로 했다."

이제 조화로운 가정생활의 표준을 언급하는 두 본문을 통해, 신약 시대 부부들이 이 이상을 구현하기 위해 자신들의 관계를 어떻게 이해했을지 상상해 보자.

조화로운 가정생활의 한 가지 표준

이 장문의 에베소서 본문은 조화로운 가정생활과 관련해 오늘날 가장 많이 언급된다.

그리스도를 경외함으로 피차 복종하라. 아내들이여 자기 남편에게 복종하기를 주께 하듯 하라. 이는 남편이 아내의 머리 됨이 그리스도께서 교회의 머리 됨과 같음이니 그가 바로 몸의 구주시니라. 그러므로 교회가 그리스도에게 하듯 아내들도 범사에 자기 남편에게 복종할지니라. 남편들아 아내 사랑하기를 그리스도께서 교회를 사랑하시고 그 교회를 위하여 자신을 주심같이 하라. 이는 곧 물로 씻어 말씀으로 깨끗하게 하사 거룩하게 하시고 자기 앞에 영광스러운 교회로 세우사 티나 주름 잡힌 것이나 이런 것들이 없이 거룩하고 흠이 없게 하려 하심이라. 이와 같이 남편들도 자기 아내 사랑하기를 자기 자신과 같이 할지니 자기 아내를 사랑하는 자는 자기를 사랑하는 것이라. 누구든지 언제나 자기 육체를 미워하지 않고 오직 양육하여 보호하기를 그리스도께서 교회에게 함과 같이 하나니 우리는 그 몸의 지체임이라. 그러므로 사람이 부모를 떠나 그의 아내와 합하여 그 둘이 한 육체가 될지니 이 비밀이 크도다. 나는 그리스도와 교회에 대하여 말하노라. 그러나 너희도 각각 자기의 아내 사랑하기를 자신같이 하고 아내도 자기 남편을 존경하라(엡 5:21-33).

1. 에베소서는 기독교 신학의 측면에서 플루타르코스의 가르침과 차이가 있다. 그러나 두 본문에는 상당한 유사점이 존재한다. 다음은 비교를 위해 플루타르코스를 인용한 것이다.

> 남편에게 순종하는 아내는 찬사를 받을 것이다. 만약 남편을 다스리려 한다면, 남편보다 더 나쁜 인상을 남길 것이다. 그러나 남편이 아내를 다스린다는 것은, 주인이 노예를 다스리듯이 하는 것이 아니라, 영혼이 몸을 다스리듯 아내의 감정을 공유하고 사랑 안에서 함께 자라 가는 것이다. 그것이 바른 방식이다. 사람은 몸의 쾌락과 욕망의 노예가 되지 않고도 자신의 몸을 보살필 수 있으며, 또한 아내에게 기쁨을 주고 친절히 대하면서도 그를 다스릴 수 있다.[4]

두 인용문에 등장하는 언어 가운데 아래 목록의 범주와 연관되는 것들을 각각 나열해 보자.

	플루타르코스	에베소서
아내의 의무		
남편의 의무		

두 저자들이 각각 아내를 남편의 몸에 비유하는 방식을 설명해 보라.

2. 바울과 함께 전도자로 일했던(또 천막 만드는 일을 했던) 브리스길라와 아굴라 부부에 대해 생각해 보자. 사도행전에는 그들에 대해 다음과 같이 언급하는 본문이 있다.

알렉산드리아에서 난 아볼로라 하는 유대인이 에베소에 이르니 이 사람은 언변이 좋고 성경에 능통한 자라. 그가 일찍이 주의 도를 배워 열심으로 예수에 관한 것을 자세히 말하며 가르치나 요한의 세례만 알 따름이라. 그가 회당에서 담대히 말하기 시작하거늘 브리스길라와 아굴라가 듣고 데려다가 하나님의 도를 더 정확하게 풀어 이르더라(행 18:24-26).

로마서에서 바울은 로마로 돌아간 브리스길라와 아굴라를 다시 언급한다. "너희는 그리스도 예수 안에서 나의 동역자들인 브리스가와 아굴라에게 문안하라. 그들은 내 목숨을 위하여 자기들의 목까지도 내놓았나니, 나뿐 아니라 이방인의 모든 교회도 그들에게 감사하느니라"(롬 16:3-4).

브리스길라가 죽고 아굴라가 아내의 묘비를 세웠다고 상상해 보자. 그는 어떤 내용을 썼을까? 아굴라는 브리스길라가 에베소서 5:21-32에 언급된 그리스도인의 이상을 성취했다고 생각했을까? 아니면 에베소서의 이상과는 다른 어떤 일을 했다고 생각했을까? 답을 내려 보고 그 이유를 써 보자.

같은 이상의 또 다른 표현

골로새서에도 같은 이상을 좀 더 짧게 표현한 본문이 있다.

아내들아 남편에게 복종하라. 이는 주 안에서 마땅하니라.
남편들아 아내를 사랑하며 괴롭게 하지 말라(골 3:18-19).

누가가 언급하는 여성 후견인들 중에는 오직 한 명만이 기혼
여성이라고 명시되어 있다.

그 후에 예수께서 각 성과 마을에 두루 다니시며 하나님의
나라를 선포하시며 그 복음을 전하실새 열두 제자가 함께하였고
또한 악귀를 쫓아내심과 병 고침을 받은 어떤 여자들 곧 일곱
귀신이 나간 자 막달라인이라 하는 마리아와 헤롯의 청지기
구사의 아내 요안나와 수산나와 다른 여러 여자가 함께하여
자기들의 소유로 그들을 섬기더라(눅 8:1-3).

> 요안나가 죽고 남편이 그를 기리는 장면을 생각해 보자.
> 그는 자신의 결혼 생활이 골로새서 3:18-19의 이상을 실
> 현했다고 썼을까?

말과

침묵

4

12. 일상의 말

뵈뵈는 로마 교회에서 발언권이 있었을까? 이에 대해 바울 서신이 우리에게 알려 주는 바는 없다. 많은 학자들은, 당시 사회의 문화적 관습을 고려할 때 뵈뵈가 로마 교회 회중 앞에서 바울의 편지들을 낭독했을 것이라고 결론 내린다. 7장에서 우리는 과연 뵈뵈가 편지를 읽을 수 있었을지를 논의했지만, 뵈뵈가 글을 읽을 줄 안다 하더라도 그가 사람들 앞에서 글을 읽는 일이 허용되었는지는 알 수 없다. 그러므로 지금부터는 이 시기 여성들의 말에 대해 살펴볼 것이다.

현대 독자들은 고대 사회에서 여성의 침묵이 이상적이었다는 생각에 익숙하다. 순종해야 할 남자 앞에서 의견을 내거나 너무 많이 말하는 여성은 비판의 대상이 될 수 있었다. 당시 문화는 탁월하고 설득력 있는 연설을 귀중하게 생각했으나, 이러한 연설은 오직 고위층 남성들에게만 기대되는 것이었다. 대체로 이상적인 여성이란 발언권을 남성에게 넘기는 여성이었다.

그러나 지금까지의 논의에 비추어 볼 때, 고대 자료들이 여성의 말을 기록하고 있다는 사실은 그리 놀랍지 않다. 사실 지금까지 설명해 온 당시의 여러 사회적·경제적 상호작용은 말이 수반되었다. 후견인에게 도움을 구해야 하거나 누군가가 자신의 도움을 원할 때, 이와 같은 여러 사회적 상호작용에는 말이 필요했다. 마찬가지로 재산을 소유하고 관리하기 위해서는 지침을 알려 주거나 물건을 사고팔아야 했고 이 모든 일이 말을 수반했다. 또한 여성들은 직업상 말을 해야 하는 경우가 있었다. 지금까지 관찰한 다른 영역에서와 마찬가지로, 여성의 말이 정상적이고 일반적인 생활의 한 부분으로 여겨졌음을 알려 주는 증거가 상당히 많다. 성 불평등이 여성의 삶에 영향을 주었지만, 그것이 전부는 아니었다.

"고대 자료들은 여성의 말을 기록하고 있다."

이 장에서는 여성이 말을 해야 하는 **일상적** 상황들을 살펴보고자 한다. 이는 여성뿐 아니라 남성을 향해서도 발언하는 시민적이고 사회적인 맥락, 그리고 사업상의 맥락이다. 13장에서는 특별히 종교적인 성격을 가진 말들을 분석하고, 14장과 15장에서는 침묵의 이상이 이 증거와 어떻게 조화를 이루는지 다시 한번 살펴볼 것이다.

사업과 사회적인 맥락

여성은 일상의 많은 상황에서 말을 했다. 그들은 사업상 거래를 완수하기도 했고, 다른 이들에게 지침을 내리기도 했다. 로마의 항구도시 오스티아의 시장에서 출토된 조각(사진 4)은 자신의 물건을 팔고 있는 여자 주인을 그리고 있다. 4장에서 보았듯이 여성이 이런 직업을 가지는 것은 흔한 일이었다. 로마에서 출토된 다른 비문에서 한 남편은 죽은 아내 아부디아 메기스테를 추모하고 있다. 그는 자신의 아내를 '가장 충실한' 여성으로 묘사하며 아부디아의 직업을 이렇게 묘사한다. "그는 중앙 계단에서 과일과 콩을 파는 장수였다."[1] 시장에서 생산물을 판매했던 다른 이들처럼, 이 여성은 고객과 소통하고 거래하기 위해 말을 했다.

보통 이러한 장사는 꽤 번창하는 사업이었다. 살펴본 경우 모두, 그 여성들의 사업이 매우 바쁘게 돌아갔을 가능성이 크다. 그들이 운영한 것은 외딴곳의 채소 가판대가 아니었다. 자료 사진의 유물이 발견된 도시인 오스티아는 로마의 항구도시였고 따라서 상거래의 요지였다. 그리고 아부디아의 남편은 로마에서 아내가 일하던 위치를 '중앙 계단'이라고 언급한다. 우리는 이러한 여성들이 성공한 사업주였으리라 상상할 수 있으며, 그들에게 말은 당연한 것이었다.

말을 많이 해야 하는 또 다른 직업은 가르치는 일이었다. 교사로 일하던 여성은 당연히 자신이 가르치던 아이들에게 말을 해야 했다. 뿐만 아니라 부모들과, 아이를 학교에 데려다주는 사람들

사진 4. 채소와 가금류 상점을 표현한 부조 묘비
(사진: 에릭 레싱, 뉴욕)

에게도 말을 했다.

나아가 여성은 말을 수반하는 사회적 활동에도 참여했다. 이 당시 여성들과 남성들은 저녁 연회에 함께 참석했다. 풍자 작가인 유베날리스는 그 당시 여성과 남성의 관습을 비판했는데, 어떤 글에서는 한 여성에 대해 애석함을 표했다. 그는 연회에 참석해 자리에 앉자마자 시인들을 칭송하고 그들을 서로 비교했다. "학교 교사들은 물러나고, 수사학 교사들은 얻어맞고, 참석자 전원은 침묵했으며, 어느 변호사나 경매인도 한마디 말을 하지 않았다. 다른 여성들 그 누구도 말을 하지 않았다. 그 여성으로부터 쏟아진 지독한 말들은 수많은 그릇과 종을 한꺼번에 두들길 때 나는 소리 같았다."[2] 유베날리스의 비판은 명확하게 여성이 너무 많이 말해서는 안 된다는 함의를 내포한다. 그러나 그가 그린 이 장면은 독자들에게도 친숙했을 것이며, 당시 여성이 말하는 것이 흔한 일이었음을 시사한다.

서신들도 당시 여성이 일상적으로 일하면서 말을 했다는 것을 알려 준다. 서신은 직접 하는 말과는 엄연히 다르지만, 상대를 대면하는 자리에 있었다면 어떻게 했을지에 대한 개략적인 그림을 보여 준다. 아폴로누스라는 한 여성이 남편으로 추정되는 율리우스 테렌티아누스라는 사람에게 보낸 편지를 살펴보자. 테렌티아누스는 군인이었고, 아폴로누스는 그들의 사업을 경영하며 테렌티아누스에게 그에 대해 설명하고 있다. "당신의 밭에 관해서는, 당신 형제의 임대료를 2아르타바이까지 줄였어요. 이제 그에게 밀 8아르타바이와 채소 씨앗 6아르타바이를 받아요. 우리 걱정은 하지 말고 건강히 지내세요."³ 아폴로누스의 편지는 그들의 실제 대화가 어떤 식이었을지에 대해 간략히 알려 준다. 또한 문제들을 조정하기 위해서 다른 사람들에게 이야기를 하게 만든 과업이 무엇이었는지도 알려 준다.

어느 여성이 어머니에게 쓴 편지를 살펴보자. "타오르세누피스가 어머니 이시온에게 인사드립니다. … 포도밭에서 난 농산물 중에서 어머니 몫을 포도 한 송이와 함께 제 자매에게 보내 주시기를 청합니다. 세 벌의 그릇을 보내니, 어머니가 하나를 가지시고 다른 하나는 페테수코스에게, 나머지 하나는 이모의 사위들에게 보내 주세요. 그리고 작은 테오나스에게는 작은 컵 하나를, 다른 작은 컵 하나는 이모의 딸에게 보내 주시길 부탁드립니다. 그리고 렌틸콩을 받으시면 카토이토스를 통해 제게 보내 주세요."⁴

이러한 편지들에서 우리는 많은 사람이 필수적으로 수행했던 기본적이고 일상적인 상호작용을 볼 수 있다. 그들은 포도원같이 값나가는 재산을 포함해 여러 물건을 교환했다. 두 번째

"이 여성은 수신자가 자신의 말을 그대로 따르리라는 기대하에 지시를 내린다."

편지의 어조로 볼 때, 이 여성은 자신을 이 물건들의 관리자로 인식하며 수신자가 자신의 말을 그대로 따르리라는 기대하에 지시를 내린다. 우리는 그가 대면 상황에서도 같은 방식으로 말하는 모습을 상상할 수 있다.

옹호

　사업상의 이해관계뿐 아니라, 여성들은 또한 자신의 정치적·
사회적 필요에 따라 옹호 발언을 하기도 했다. 그런 기록은 대부분
남아 있지 않지만, 몇몇 저자들이 여성이 개입한 중요한 역사적 순
간에 대한 기록을 남겼다. 보통 그 이야기들은 주변 남성에게 영향
력을 행사할 수 있는 높은 신분의 여성에 관한 것이다. 그러나 하
층 계급 여성도 자신의 필요를 위해, 그리고 자신의 사회적 지위에
알맞은 방식으로 옹호 발언을 할 수 있었던 것 같다. 이 여성들은
일의 진행 과정에 영향을 미치기 위해 대담하게 발언했고, 그 결과
지역사회 전체가 혜택을 입게 되었을 때 칭송을 받기도 했다. 상류
층 여성의 한 예시로 우리는 9장에서 투리아의 이야기를 살펴보
았다. 투리아의 남편은 아내가 어떻게 고위 정치인에게 가서 남편
을 위해 탄원했는지를 말하고 있다. 투리아는 반대에 직면했지만,
끝내 그의 노력은 성공적 결과를 낳았다.

　또 다른 예시는 킬로니스라는 한 여성에 관한 플루타르코스
의 이야기다. 킬로니스의 남편과 아버지가 스파르타의 왕이 되기
위해 경쟁했고, 남편 측이 패배함에 따라 남편을 어떻게 처리할 것
인지가 쟁점이 되었다. 킬로니스는 군중이 모이기 전에 아버지에
게 나아가 남편을 죽이지 말고 추방할 것을 호소했다. 그는 유창한
언변으로 자신의 개인적인 슬픔뿐 아니라 그 결정이 도시 전체에
미칠 중요한 영향에 대해서도 말했다. 킬로니스는 남편을 처형하
는 것이 지혜로운 통치자의 결정이기보다는 폭군의 행동으로 비

칠 것이라고 주장했다. 결국 그의 말은 아버지를 설득했고, 왕은 그의 남편을 추방하게 했다.

이외에도 여성의 정치적 발언을 보여 주는 많은 예시가 있으며, 유대 문헌에서는 유딧 이야기를 들 수 있다. 유딧기는 유딧이 살던 지역에 일어난 정치적 혼란에 대한 긴 묘사로 시작한다. 홀로페르네스와 그의 군대가 이스라엘을 포위했고, 도시의 지도자들은 닷새 후에 그에게 항복하기로 결의한다. 그 사실을 들은 유딧은 다음과 같이 행동한다.

> 그래서 유딧은 자기의 온 재산을 관리하는 여자 하나를 보내어
> 그 도성의 원로, 카브리스와 카르미스를 모셔 오게 하였다.
> 그들이 찾아오자 유딧은 이렇게 말하였다. "베툴리아 성민들의
> 지도자이신 여러분, 내 말을 들으시오. 여러분이 오늘
> 백성들에게 한 그 말씀은 옳지 않습니다. 여러분이 만일 주께서
> 우리를 며칠 안으로 도우시지 않는다면 이 도시를 우리
> 원수들에게 넘겨주겠다고 하느님 앞에서 맹세한 말이 옳지
> 않다는 것입니다. 도대체 여러분이 무엇인데 이렇게 오늘
> 하느님을 시험하는 것입니까? 어째서 여러분은 인간이면서
> 하느님의 자리에 올라선 것입니까?"(유딧기 8:10-12)

여성이 마을의 지도자들을 이런 식으로 꾸짖는 모습이 놀라울 수도 있겠지만, 고대 독자들은 이 부분을 문제로 여기지 않았다. 사실 사람들은 자신의 도시나 가족을 대표해 대담한 발언을 하는

것을 고결한 일로 여겼다. 살펴본 예시들에 등장한 여성들은 도시 전체의 안전과 안녕에 영향을 미치는 상황을 설명했고, 그들의 발언은 현명하고 고결한 것으로 여겨졌다. 사회적 위기의 순간에 발언하고자 하는 의지는 공동체 전체의 선에 대한 헌신의 증거였다.

> "사람들은 자신의 도시나 가족을 대표해 대담한 발언을 하는 것을 고결한 일로 여겼다."

또 다른 예시에서 로마 역사가 리비우스는 원로원 의원들을 설득하여 부의 과시를 제한하는 법을 철회하기 위해 거리를 행진했던 여성들에 대해 이야기한다. 해당 법은 전쟁 기간에 효력을 발휘하여, 부가 전쟁 비용으로 쓰이도록 했다. 그러나 이후 평화로운 번영의 시대가 찾아오자 옷과 보석으로 신분을 드러내고 싶어 하는 사람들의 수가 늘었다. 여성들은 원로원 의원들이 모이는 광장 근방의 길 위에서 시위를 벌였다. 의원들은 법안 철회 지지와 반대 주장을 각각 내세웠지만, 결과적으로 여성들의 시위는 성공적이었으며 법안은 철회되었다.[5]

여성의 말을 둘러싼 사회적 규칙을 이해하기 위해 우리는 이러한 증거들을 고려할 필요가 있다. 여성의 말은 때때로 비판받았다. 그러나 여성들은 자기 사업을 운영하고, 사회적 관계를 유지하며, 자신의 이익을 옹호하기도 했다. 실제로 그런 행동을 두고 때로 칭찬을 받기도 했다.

신약성경에 나타난 일상적인 말

"여성의 말은 일상의 삶에 필요하고 필수적인 것이었다."

여성의 침묵이라는 이상이 존재하는 동시에, 여성의 말이 일상의 삶에 필요하고 필수적인 것이었음을 보여주는 증거들이 있다. 몇몇 여성들은 심지어 정치적 함의가 담긴 발언을 하기도 했다. 많은 여성이 자기 가족의 경제적·사회적 필요를 추구하는 가운데 매일의 일상적인 활동을 수행하며 말을 했다.

신약성경의 이야기들은 1세기 당시의 독자들에게 친숙했던 사회적 관례를 반영한다. 가나안 여인 본문(마 15:21-28; 참조. 막 7:24-30)에서, 어머니는 딸의 병을 치유하기 위해 예수님의 도움을 구한다. 그 어머니는 예수님의 거부를 직면하고서도 계속해서 자신의 요청 사항을 알리고, 결국 예수님이 그의 딸을 치유해 주신다. 이와 유사하게 요한복음 11장에서 마리아와 마르다도 그들의 형제를 위한 도움을 얻고자 예수님께 소식을 전했다(요 11:3).

세베대의 아들들의 어머니는 예수님께 자신의 아들들이 예수님의 나라에서 그분 오른편과 왼편에 앉을 수 있을지 여쭈어 보며, 앞 사례들과는 다른 방식으로 자신의 가족을 옹호한다(마 20:20-28). 예수님의 나라가 가진 성격을 다소 오해했을지라도, 그 어머니가 아들들을 돕기 위해 드린 요청은 당시 상식으로 이해 가능한 일이었을 것이다.

브리스길라가 등장하는 서사에 그가 한 말이 직접적으로 언급된 것은 아니지만, 브리스길라는 예수님에 대해 가르친 여성이었다. 브리스가라 불리기도 하는 브리스길라는 신약성경에서 반복적으로 언급되는 것으로 보아 꽤 중요한 인물이었다. 바울은 로마서 결론부에서 그에게 인사를 전하며 "너희는 그리스도 예수 안에서 나의 동역자들인 브리스가와 아굴라에게 문안하라"(롬 16:3; 참조. 딤후 4:19)고 말한다. 바울은 그때까지 로마에 가 본 적이 없었지만, 선교 여행 과정에서 브리스길라와 그의 남편을 만났다. 사도행전에 따르면 바울은 그들을 고린도에서 만났고, 모두 천막을 짓는 일을 했기에 바울은 고린도에서 복음을 전하는 동안 그들과 함께 지냈다(행 18:1-2). 이 부부는 에베소까지 바울과 동행하고 거기서 바울과 헤어졌다. 그 이후에 브리스길라와 아굴라는 요한의 세례는 알지만 성령의 세례에 대해서는 알지 못하는 아볼로라는 남자를 만났다. "그[아볼로]가 회당에서 담대히 말하기 시작하거늘 브리스길라와 아굴라가 듣고 데려다가 하나님의 도를 더 정확하게 풀어 이르더라"(행 18:26). 여기서 대부분의 본문이 브리스길라의 이름을 먼저 언급하며, 이는 그가 남편보다 더 중요한 인물이었을 가능성을 제시한다(그렇지 않았다면 당시 상식에 따라 남편을 먼저 언급했을 것이다). 이 본문에서 그들은 함께 가르치고 있고, '그 집에서 모이는 교회'(고전 16:19)에서도 그렇게 했을 것이다.

또한 사람들이 자주 간과하는 이야기가 있는데, 베드로가 예수님의 제자였다는 이유로 고발당하는 장면이다. 네 복음서 모두 베드로가 질문을 받고 자신이 예수님과 연루되어 있음을 부인하는 장면을 기술한다. 그리고 각 복음서에서 베드로에게 질문을 던지는 첫 번째 사람은 여성이다. 마가는 다음과 같이 쓴다. "베드로는 아랫뜰에 있더니 대제사장의 여종 하나가 와서 베드로가 불 쬐고 있는 것을 보고 주목하여 이르되, 너도 나사렛 예수와 함께 있었도다 하거늘 베드로가 부인하여 이르되 나는 네가 말하는 것이 무엇인지 알지도 못하고 깨닫지도 못하겠노라 하며 앞뜰로 나갈새"(막 14:66-68). 이 여성은 대제사장이 부여한 신분으로 어느 정도의 사회적 지위가 보장되었겠지만 그 자신이 엘리트 계층인 것은 아니었다. 그는 베드로가 고발당한 남자 예수와 결탁했다고 인식했으며, 그것을 공공연하게 말한다. 그리고 이 여성의 말 때문에 베드로는 첫 번째 부인을 하게 되었다.

헤로디아는 복음서에서 자기 의견을 말하는 여성들 중 가장 엘리트 계층에 속한 여성 중 하나다. 그리고 말 또한 정치적 성격을 띤다. 어떤 선물이든 주겠노라는 헤롯의 말에 그는 세례 요한의 머리를 구했고(막 6:24), 헤롯은 그 요청에 따라 요한을 처형했다. 이는 신약성경 시대의 관례적 유형을 따르는 이야기였다. 즉 통치자가 저녁 연회에서 자기 절제에 실패한 모습을 보이고 그 결과로 불의를 낳는 이야기 말이다. 비록 우회적인 방식을 통해 표현되었지만, 여성이 정치적 욕망을 가지고 권력에 접근할 수 있다는 생각 또한 상식으로 여겨졌다.

이제 다음의 본문들에서 여성들의 발언을 살펴보자.

과부와 불의한 재판관

예수께서 그들에게 항상 기도하고 낙심하지 말아야 할 것을 비유로 말씀하여 이르시되, 어떤 도시에 하나님을 두려워하지 않고 사람을 무시하는 한 재판장이 있는데 그 도시에 한 과부가 있어 자주 그에게 가서 내 원수에 대한 나의 원한을 풀어 주소서 하되 그가 얼마 동안 듣지 아니하다가 후에 속으로 생각하되 내가 하나님을 두려워하지 않고 사람을 무시하나 이 과부가 나를 번거롭게 하니 내가 그 원한을 풀어 주리라 그렇지 않으면 늘 와서 나를 괴롭게 하리라 하였느니라(눅 18:1-5).

1. 이야기에서 여성은 무슨 말을 하는가?

2. 이 여성의 말은 어떤 성격으로 분류할 수 있는가?(예를 들어, 정치적 발언, 종교적 발언, 개인적 발언)

3. 이 여성의 말이 불러온 결과는 무엇인가?

빌라도의 아내

마태가 전하는 예수님의 재판 이야기를 보면, 빌라도는 예수님을 석방하는 쪽을 선호한 것 같다. 이 이야기에는 간과하기 쉬운 구절이 하나 있는데, 이 구절은 빌라도의 아내가 담당한 역할에 대해 알려 준다.

총독이 재판석에 앉았을 때에 그의 아내가 사람을 보내어 이르되, 저 옳은 사람에게 아무 상관도 하지 마옵소서 오늘 꿈에 내가 그 사람으로 인하여 애를 많이 태웠나이다 하더라. 대제사장들과 장로들이 무리를 권하여 바라바를 달라 하게 하고 예수를 죽이자 하게 하였더니(마 27:19-20).

1. 이야기에서 여성은 무슨 말을 하는가?

2. 이 여성의 말은 어떤 성격으로 분류할 수 있는가?(예를 들어, 정치적 발언, 종교적 발언, 개인적 발언)

3. 이 여성의 말이 불러온 결과는 무엇인가?

루디아

우리가 드로아에서 배로 떠나 사모드라게로 직행하여 이튿날 네압볼리로 가고 거기서 빌립보에 이르니 이는 마게도냐 지방의 첫 성이요 또 로마의 식민지라 이 성에서 수일을 유하다가

안식일에 우리가 기도할 곳이 있을까 하여 문 밖 강가에 나가
거기 앉아서 모인 여자들에게 말하는데 두아디라 시에 있는
자색 옷감 장사로서 하나님을 섬기는 루디아라 하는 한 여자가
말을 듣고 있을 때 주께서 그 마음을 열어 바울의 말을 따르게
하신지라. 그와 그 집이 다 세례를 받고 우리에게 청하여 이르되
만일 나를 주 믿는 자로 알거든 내 집에 들어와 유하라 하고
강권하여 머물게 하니라(행 16:11-15).

1. 이야기에서 여성은 무슨 말을 하는가?

2. 이 여성의 말은 어떤 성격으로 분류할 수 있는가?(예를 들
어, 정치적 발언, 종교적 발언, 개인적 발언)

3. 이 여성의 말이 불러온 결과는 무엇인가?

13. 기도와 예언

아마도 뵈뵈에게 말이 요청되는 상황은 많았을 것이다. 그는 자기 일을 완수했다(그것이 어떤 일이든). 그는 집사였다. 그리고 후견인으로서 사람들의 요청을 받고 또 응답했다. 이 모든 사항은 뵈뵈가 로마 교회에서 발언했을 정황을 이해하는 데 도움을 준다.

그러나 더 알고 싶은 부분도 있다. 예컨대 우리는 여성이 교회 모임에서 말하는 것이 당시에 용인되었는지 알기 원한다. 특히 종교적 발언과 관련해, 교회 내에서든 더 넓은 문화적 배경에서든 여성의 참여를 제한하는 분위기가 있었을까?

이 장에서는 여성이 **종교적** 맥락에서 발언했던 관례를 다루고자 한다. 고대의 서사들은 여성이 종교적 맥락에서 말하는 것을 묘사하면서도 그들이 잘못하고 있다는 뜻을 비치지 않는다. 많은 종류의 종교적 발언들이 있었겠지만, 여성이든 남성이든 많은 관련 자료들이 소실되어 우리에게 전해지지 않았다. 따라서 우리는 많은 증거를 얻을 수 있는 영역, 즉 여성의 기도와 예언 활동에 집중할 것이다.

기도

오늘날과 달리, 고대의 기도는 침묵하기보다는 주로 크게 소리를 내며 하는 기도였다. 그러므로 기도는 발언이었다. 고대 문헌들 중에는 여성의 기도를 다룬 예시들이 많다.

유딧기에도 기도하는 여성의 사례가 등장한다. 우리는 앞서 유딧이 마을의 원로들 앞에서 발언하는 모습을 살펴보았는데, 그는 또한 자신을 포위하고 있는 적진으로 나아가면서 하나님께 구원을 요청하는 기도를 드린다. 그는 이 장문의 기도를 시작하며 과거에 하나님의 힘이 어떻게 이스라엘을 구원했는지 묘사하고, 다시 현재로 돌아와 이렇게 기도한다.

> 저 아시리아 사람들은 병력이 대단합니다. 그들은 말과
> 기병들을 가지고 우쭐대고 있으며 보병의 위력을 가지고
> 뽐냅니다. 그리고 방패와 칼과 창과 팔매총을 가지고
> 자신만만해 합니다. 그러나 그들은 당신께서 전쟁을 승리로
> 이끄시는 주님이시라는 것을 모릅니다. 당신의 이름은
> 주님이십니다. 당신의 능력으로 그들의 강한 힘을 쳐부수시고

당신의 분노를 일으키시어 그들의 세력을 꺾어 주소서. 그들은 당신의 성소를 모독하고 당신의 영광스러운 이름이 머물러 있는 곳을 더럽히며 당신 제단에 있는 뿔을 칼로 쳐 내릴 궁리를 하고 있습니다. 그들의 거만한 자세를 보시고 당신의 분노를 그들 머리 위에 퍼부어 주소서. 이 과부에게 뜻하는 일을 이룰 수 있는 힘을 주소서. 간계를 꾸미는 이 입술을 이용하여 원수들을 넘어뜨리소서. 종들을 그 상전과 함께, 상전을 그 신하와 함께 쓰러지게 하소서. 그리고 여자의 손을 이용하여 그들의 콧대를 꺾으소서.

당신의 위력은 많은 수효에 있지 아니하고 당신의 능력은 힘센 사람에게 있지 않습니다. 당신은 보잘것없는 사람들의 하느님이시고 불쌍한 사람들을 도우시는 분이시며, 약한 자를 붙들어 주시는 분이시요, 버림받은 사람들의 보호자이시며, 희망 없는 사람들의 구조자이십니다. 당신은 참으로 내 조상의 하느님이시요, 이스라엘을 상속으로 주시는 하느님으로서 하늘과 땅을 다스리시고 물을 만들어 주신 분이시며 모든 피조물의 왕이십니다. 내 기도를 들어주소서(유딧기 9:7-12).

여기서 유딧은 하나님의 능력을 인정하며 하나님께 백성을 구원해 주시기를 요청한다. 그리고 다음의 이야기는 적장 홀로페르네스를 속이고 그를 암살하는 작업에 착수하는 유딧을 보여 준다.

이 이야기는 허구일 가능성이 높으며, 유딧의 기도가 당시의 고대 여성이 발언한 내용을 있는 그대로 기록한 것이라 주장할 필요는 없다. 그렇지만 이 허구적인 이야기는 당시 고대 독자들이 남성과 여성의 관례적 행동으로 여기던 것과 관련한 중요한 역사적 정보를 담고 있다. 즉 독자들에게는 유딧이 유창하게 기도했다는 사실이 그렇게 놀랍지 않았다. 이야기에 나타난 그의 용감한 행동은 비범했지만, 그의 발언이 이례적이라는 암시는 없다.

유딧은 혼자 있을 때 이 기도를 드렸다. 그러나 이것을 '사적인 기도'로 간주하는 것이 옳지 않은 이유는, 그가 기도를 드린 것이 "예루살렘에 있는 하느님의 성전에서 저녁 향을 태우고 있었[을]"(유딧기 9:1) 때였다는 화자의 언급 때문이다. 이 시간에 기도를 드림으로써, 유딧은 자신의 기도를 중요한 공동체적·종교적 의의를 띤 순간에 일치시킨다. 더욱이 기도의 주제는 개인적인 것이 아니라 정치적인 것이었으며, 서사 속에서 유딧은 하나님과 사람들을 중재하는 역할을 맡는다. 그리고 이 시기에 쓰인 많은 이야기들이 유딧의 기도와 유사한 기도를 보여 준다.

집단적 상황에서 여성이 드린 기도의 예들도 있다. 마카베오기 3서는 이집트에 살며 폭군 프톨레마이오스에게 박해받았던 유대인들의 이야기를 들려준다. 프톨레마이오스는 유대인들을 한 곳에 모아 놓고 코끼리로 그들을 공격하려는 음모를 꾸몄다. 유대인들은 세 차례 하나님께 기도했고, 이에 하나님은 프톨레마이오스의 계획을 뒤틀어 버리신다. 본문은 유대인들이 세 번째 기도를 드릴 때 구체적으로 누가 모여 있었는지 명시하고 있다. "부모들과 자녀들, 어머니와 딸들, 아기를 품에 안고 마지막 남은 젖을 먹이던 사람들이…과거에 하늘로부터 받았던 도움을 기억하고는,

아기들을 내려놓고 함께 땅에 엎드렸다. 죽음의 문턱에 선 그때, 그들은 모든 권력 위에 계시는 통치자께서 자기를 나타내시고 자비를 베풀어 주시기를 청하며 매우 큰 소리로 울부짖었다"(마카베오기 3서 5:49-51).

하나님은 그들의 기도에 응답하셔서 두 천사를 보내시고, 코끼리들을 끌고 왔던 그 적들을 향해 코끼리들을 돌려 세우신다. 이렇듯 온 백성의 기도가 구원의 응답을 이끌어 냈다. 고대 독자들은 이 백성 가운데서 여성들이 기도했다는 사실을 놀랍게 여기지는 않았을 것이다.

두 사례는 유대 자료에서 가져온 것이지만, 여성이 사원과 신전에서 기도하는 것은 모든 종교 전통의 관습이었다. 예를 들어, 한 그리스 소설은 안티아라는 이름을 가진 여성의 이야기를 전해 준다. 폴뤼이도스라는 권력자가 그와 성관계를 하고 싶어 쫓아다니고 있었는데, 안티아는 하브로코메스라는 다른 남성을 사랑했고 그로부터 탈출하고자 했다. 안티아는 이시스의 신전으로 도망쳐 피신했고 이시스에게 이렇게 기도했다. "몇 번이고 나를 도우셨던 이집트의 여주인이시여, 한 번만 더 제 구원자가 되어 주십시오. 폴뤼이도스가 저를 내버려두게 하시고 하브로코메스를 향한 제 정절을 지킬 수 있도록 도와주십시오."[1] 폴뤼이도스는 이시스 여신을 존경했기에 안티아를 놓아주기로 약속한다. 이야기의 다른 부분에서 안티아는 멤피스의 아피스 신전과 로데스의 헬리오스 신전에서 소리 내어 기도한다.

여성의 기도를 보여 주는 몇몇 증거들은, 이러한 순간들을 기넘하기 위해 새겨진 비문에서 발견되기도 한다. 사람들은 종종 신전 벽이나 종이에 신을 향한 기도문을 써서 바쳤고 때때로 기도의 응답을 희망하며 맹세와 함께 예물을 바치기도 했다. 안티아의 이야기는 유사한 상황을 기록하고 있다. 안티아는 로데스의 헬리오스 신전에 있을 때 자신의 머리카락을 잘라 신에게 예물로 바치면서 이런 비문을 남겼다. "안티아가 남편 하브로코메스를 위해 자신의 머리카락을 신에게 바쳤다."[2] 이 비문의 예시는 소설에 기록된 것이지만, 비슷한 실제 비문들이 고고학자들에 의해 다량 발굴되었다. 남성과 여성 모두 이런 식의 봉헌을 했다. 신들에게 맹세하거나 기도하면서 머리카락을 잘라 바치는 것은 때때로 기도에 수반되는 봉헌의 한 유형이었다.

이 같은 예시들이 보여 주듯 여성들은 신전에서, 집에서, 경기장에서 기도했다. 여성과 남성 모두 자신들을 위해서 혹은 공동체를 위해 소리 내어 기도를 드렸다. 그리고 어떤 경우든 고대 작가들은 여성이 기도하는 것을 흔히 있는 일로 서술했다.

"여성들은 신전에서, 집에서, 경기장에서 기도했다."

예언

어떤 증거들은 여성들이 예언을 했음을 보여 준다. 기도가 신에게 건네는 사람의 말이라면 예언은 그 반대 방향으로, 즉 신이

"여성들은 예언을 했다."

인간에게 주는 전언이었다. 어떤 사건에 대해 신으로부터 혜안을 얻으려는 시도는 고대인들 사이에서 흔한 일이었다. 그리고 유대교의 신이나 그리스-로마 신들의 신탁을 받는 사제나 예언자 역할을 하는 여성들이 있었다.

예를 들어, 델포이의 아폴론 신전은 여성들이 예언했던 유명한 장소였다. 사람들은 델포이의 신탁을 듣기 위해 먼 길을 여행했다. 도시 차원에서도 델포이의 신탁을 구하기 위해 사절단을 파견하여, 도시 지도자들이 자신들의 행동을 확정할 수 있도록 했다. 델포이는 여성이 예언하는 곳으로 가장 잘 알려진 장소였을 뿐, 다른 많은 도시에서도 여성이 신들이 바라는 바를 전달했다.

당시 유명했던 예언자 집단의 예로 '시빌라'(sibylla)들이 있다. 이들은 보통 연로한 여성들이었고, 그들의 예언 활동은 수 세기 동안 이어졌다. 당시 시빌라는 전 지중해 지역과 그 너머에서 활동했고, 그중에는 유대교 시빌라(이후에는 기독교 시빌라)도 있었다. 시빌라들은 말로 예언을 했지만 보통 그들의 말은 수집되어 기록되었는데, 그중에서도 가장 유명한 것들은 로마에 보관되었다. 국가는 공식적인 목적 때문에 그들의 예언을 구했고, 원로원은 칙령을 내려 이를 공인했다. 시빌라는 수 세기 동안 영향력을 발휘한 예언자들이었다.

신약성경의 기도와 예언

신약성경은 교회 안팎에서 여성이 기도하고 예언했던 관습을 보여 준다. 고린도전서에서 바울은 공동체에서 여성이 기도하고 예언하는 것을 당연히 여기고 있다. "무릇 남자로서 머리에 무엇을 쓰고 기도나 예언을 하는 자는 그 머리를 욕되게 하는 것이요, 무릇 여자로서 머리에 쓴 것을 벗고 기도나 예언을 하는 자는 그 머리를 욕되게 하는 것이니 이는 머리를 민 것과 다름이 없음이라"(고전 11:4-5). 이 본문은 성별에 따른 복장 규제를 언급하지만, 교회 내에서 기도하고 예언하는 역할에 대한 기대는 차이가 없다.

고린도전서 12-14장에서 계속 이러한 지침을 주는 가운데, 바울은 예배 공동체 내에서 예언이 가지는 중요성을 강조한다. 그는 영적 은사들의 순위를 매기며 예언자의 입지가 사도에 이어 두 번째를 차지한다고 말한다(고전 12:28, 이는 교사보다 앞서는 순위다). 그리고 그는 모두에게 "더욱 큰 은사를 사모하라"(고전 12:31)고, 특히 예언을 구하라고 권고한다(14:1, 39).

고대 교회에서 예언은 흔히 일어나면서도 중요한 일이었다. 오늘날 우리에게는 기도가 조금 더 익숙한 발언 형식이지만, 우리는 바울의 경험과 가르침에서 예언이 차지했던 중요성을 간과해서는 안 된다. 이러한 예언의 은사를 가진 사람들 중에 여성들이 있었고, 그들은 하나님께 어떤 메시지를 받을 때 그것을 공동체에 말해 주는 사람으로 여겨졌다.

누가복음과 사도행전은 예언에 대한 상당한 관심을 보여 주고, 우리는 이 책들을 통해 예언하는 여성에 대한 분명한 기록들을 볼 수 있다. 첫 번째 인물은 안나로서, 누가복음 2:36-38에서 아기 예수님을 만난 여성이다. "또 아셀 지파 바누엘의 딸 안나라 하는 선지자가 있어 나이가 매우 많았더라. 그가 결혼한 후 일곱 해 동안 남편과 함께 살다가 과부가 되고 팔십사 세가 되었더라. 이 사람이 성전을 떠나지 아니하고 주야로 금식하며 기도함으로 섬기더니 마침 이때에 나아와서 하나님께 감사하고 예루살렘의 속량을 바라는 모든 사람에게 그에 대하여 말하니라." 누가가 예언자로 소개하는 안나는 성전에서 예수님의 정체를 공표한다.

예언하는 여성에 대한 또 다른 예시는 빌립의 네 딸들이다. 바울은 여행 중에 그들의 집에 들르게 된다. "이튿날 떠나 가이사랴에 이르러 일곱 집사 중 하나인 전도자 빌립의 집에 들어가서 머무르니라. 그에게 딸 넷이 있으니 처녀로 예언하는 자라"(행 21:8-9). 설명이 간략하고, 딸들의 존재나 그들이 예언의 은사를 가졌다는 점은 중심 주제가 아니다. 그러나 기자는 그들을 언급함으로써 빌립의 위상을 높인다. 빌립 자신만 복음 전도자가 아니라, 가족들 또한 영적 은사로 인해 높은 평판을 얻고 있었던 것이다.

사도행전에는 예언의 은사가 있었던 비그리스도인 여성의 사례도 등장한다. 바울이 동행들과 함께 빌립보 루디아의 집에 있을 때 어떤 일이 일어났다.

우리가 기도하는 곳에 가다가 점치는 귀신 들린 여종 하나를 만나니, 점으로 그 주인들에게 큰 이익을 주는 자라. 그가 바울과 우리를 따라와 소리 질러 이르되 이 사람들은 지극히 높은 하나님의 종으로서 구원의 길을 너희에게 전하는 자라 하며 이같이 여러 날을 하는지라. 바울이 심히 괴로워하여 돌이켜 그 귀신에게 이르되 예수 그리스도의 이름으로 내가 네게 명하노니 그에게서 나오라 하니 귀신이 즉시 나오니라 (행 16:16-18).

이 여자의 주인들은 바울의 행동에 화가 나서 바울을 옥에 가두었다. 그러나 이 여자를 만난 사건은, 비그리스도인들도 예언의 은사를 받는 일이 흔했음을 확인해 준다는 점에서 흥미를 불러일으킨다.

화자의 관점에서 이 여성의 은사가 그다지 올바른 것은 아니었다. 한 가지 이유는 그의 주인들이 신의 뜻을 알리는 것보다 돈에 관심이 있었기 때문이다. 그들의 동기는 다소 의심스러웠다. 아마 이러한 이유 때문에 NIV나 다른 현대어 성경들은 해당 그리스어 표현을 예언이 아닌 다른 것으로 보이도록 번역했다. NIV의 번역에 따르면 그 여성은 '미래를 예견하는 영'(a spirit by which she predicted the future)을 갖고 있었고, '점술'(fortune-telling)을 보았다. 어떤 면에서든 나쁜 번역은 아니지만, 이 번역은 그 여성이 가진 은사를 의심스러워 하는 누가의 관점을 강조한다.

그러나 이 본문에 사용된 표현들은 당시 독자들에게 예언 활동을 의미했을 것이다. '미래를 예견하는'으로 번역된 말은, 그 여자가 (델포이 아폴론 신전의 공식 사제 중 한 명은 아니더라도) 아폴론 신과 관계된 영을 갖고 있었음을 의미한다. 그리고 '점술'이라는 단어는 예언이나 신탁 해석이라는 뜻으로 일상적으로 쓰던 표현이었다. 이 여성은 아폴론 신과 관련된 신탁을 주는 영에 사로잡혀 있었고, 당시 많은 사람이 아폴론 신의 말을 듣기를 좋아했을 것이다. 그래서 이것이 예언 활동의 가장 전통적인 형태가 아니라 할지라도 당시 많은 사람들은 그의 활동을 예언으로 인식했을 것이다.

당시 사람들이 이 여성을 예언하는 사람으로 보았더라도, 이런 종류의 예언이 사실이라고 믿지 않는 사람도 많았다. 그 행위를 비판한 것은 그리스도인들만이 아니었는데, 예를 들어 플루타르코스는 이런 형태의 예언을 의심스러워 하는 사도행전의 평가와 일치하는 견해를 갖는다. 플루타르코스 자신이 델포이 신전과 강력하게 연관되어 있었기에, 아폴론을 향한 헌신을 반대하는 입장은 아니었다. 그럼에도 그는 신이 복화술사처럼 "예언자의 몸에 들어와 인간에게 할 말을 일일이 일러 주는"[3] 존재라는 믿음에 대해서는 비판했다. 이는 사도행전 기자가 본문의 여성에 대하여 묘사하는 방식(혹은 적어도 일부 사람들이 그에 대해 믿었던 것)과 일치한다.

흥미로운 것은 그 여자의 주인들이 사기꾼으로 등장함에도 불구하고 그의 예언 자체는 상당히 정확하다는 데 있다. 여자는 다음과 같이 말한다. "이 사람들은 지극히 높은 하나님의 종으로서 구원의 길을 너희에게 전하는 자라"(행 16:17). 상황에 대한 너무도 적절한 요약이다! 이는 마가복음에서 귀신이 예수님을 알아보는 장면과 유사하다고 할 수 있다(참조. 막 1:23-28, 34). 그리고 마가복음의 예수님처럼, 바울은 이 예언의 영이 꽤 정확한 사실을 말했다고 할지라도 그 영을 쫓아낸다. 우리의 목적과 관련해서 중요한 요점은, 사도행전 초기 독자들은 이 여성을 당시 매우 익숙했던 예언 문화와 연관된 사람으로 인식했을 것이라는 점이다.

　여성을 기도하는 사람으로 명시적으로 언급하는 본문의 사례는 더 적은데, 우리는 이미 두 사례를 살펴보았다. 바울은 여성이 교회 안에서 기도할 때 머리를 가려야 한다고 언급했다(고전 11:4-5). 그리고 예언자 안나는 성전에서 예배를 드릴 때 "주야로 금식하며 기도[했다]"(눅 2:37). 예수님이 도착하셨을 때 그는 '하나님께 감사'(일종의 기도였다)를 드린 다음, 성전에 있던 사람들에게 예수님에 대해 증언했다. 안나, 그리고 바울의 교회의 구성원이었던 여성들은 기도에 참여했다.

　신자들은 정기적으로 기도하라는 권고를 받았고, 이 가르침은 물론 남성과 여성 모두를 향한 것이었다. 예를 들어 "너희 원수를 사랑하며 너희를 박

"신자들은 정기적으로 기도하라는 권고를 받았다."

해하는 자를 위하여 기도하라"(마 5:44)고 가르치신 예수님은, 그를 따르는 남성들뿐 아니라 여성들을 향해서도 말씀하신 것이다. 또 에베소서 기자가 "항상 성령 안에서 기도하고" 하나님의 전신갑주를 취하라고 충고할 때, 그의 가르침은 교회 공동체 전체를 향한 것이었다(엡 6:18).

　기도와 관련한 또 다른 예시는 베드로가 헤롯 왕에게 체포된 후 벌어진 이야기에서 찾을 수 있다. 감옥에 갇혀 있는 동안, "교회는 그를 위하여 간절히 하나님께 기도[했다]"(행 12:5). 기적적으로

감옥에서 탈출한 베드로는 마가라고 하는 요한의 어머니 마리아의 집에 갔고, 그곳에는 여러 사람이 모여 기도를 하고 있었다(행 12:12). 기도하던 사람들의 이름이 등장하지는 않지만, 우리가 확인할 수 있는 사실은 마리아가 이 모임의 주최자였다는 것이다. 주최자로서 마리아가 사람들 앞에서 발언했을 가능성은 높다.

여성들의 발언과 관련하여 다음의 신약 본문들을 살펴보자.

누가복음의 예수 탄생 이야기

누가복음의 예수 탄생 이야기 중에서 유명한 두 부분은, 여성이 비록 '예언자'로 불리지는 않았다 할지라도 분명히 예언을 했음을 보여 준다.

> 이 때에 마리아가 일어나 빨리 산골로 가서 유대 한 동네에
> 이르러 사가랴의 집에 들어가 엘리사벳에게 문안하니
> 엘리사벳이 마리아가 문안함을 들으매 아이가 복중에서
> 뛰노는지라. 엘리사벳이 성령의 충만함을 받아 큰 소리로 불러
> 이르되, 여자 중에 네가 복이 있으며 네 태중의 아이도 복이
> 있도다 내 주의 어머니가 내게 나아오니 이 어찌 된 일인가 보라
> 네 문안하는 소리가 내 귀에 들릴 때에 아이가 내 복중에서
> 기쁨으로 뛰놀았도다 주께서 하신 말씀이 반드시
> 이루어지리라고 믿은 그 여자에게 복이 있도다(눅 1:39-45).

자신이 여성 예언자들의 존재에 익숙했던 고대 독자였다
고 상상해 보자. 엘리사벳이 예언을 하고 있다고 이해할
만한 표현들은 무엇인지 본문에서 찾아 써 보자.

엘리사벳의 말이 끝나자 마리아는 다음과 같이 말한다.

내 영혼이 주를 찬양하며
  내 마음이 하나님 내 구주를 기뻐하였음은
그의 여종의 비천함을 돌보셨음이라.
  보라 이제 후로는 만세에 나를 복이 있다 일컬으리로다.
능하신 이가 큰 일을 내게 행하셨으니
  그 이름이 거룩하시며
긍휼하심이 두려워하는 자에게
  대대로 이르는도다.
그의 팔로 힘을 보이사
  마음의 생각이 교만한 자들을 흩으셨고
권세 있는 자를 그 위에서 내리치셨으며
  비천한 자를 높이셨고
주리는 자를 좋은 것으로 배불리셨으며
  부자는 빈손으로 보내셨도다.
그 종 이스라엘을 도우사
  긍휼히 여기시고 기억하시되

우리 조상에게 말씀하신 것과 같이

아브라함과 그 자손에게 영원히 하시리로다(눅 1:46-55).

> 다시 한번 자신이 여성 예언자들의 존재에 익숙했던 고대 독자였다고 상상해 보자. 마리아가 예언을 하고 있다고 이해할 만한 표현들은 무엇인지 본문에서 찾아 써 보자.

오순절의 베드로

베드로의 오순절 설교가 담긴 유명한 이야기는, 하나님의 영이 부어지는 것을 예언과 관련하여 해석한다.

때가 제 삼 시니 너희 생각과 같이 이 사람들이 취한 것이 아니라 이는 곧 선지자 요엘을 통하여 말씀하신 것이니, 일렀으되

하나님이 말씀하시기를

말세에 내가 내 영을 모든 육체에 부어 주리니

너희의 자녀들은 예언할 것이요

너희의 젊은이들은 환상을 보고

너희의 늙은이들은 꿈을 꾸리라

그때에 내가 내 영을

내 남종과 여종들에게 부어 주리니

그들이 예언할 것이요(행 2:15-18).

베드로는 그리스도인이 성령의 선물을 받은 것에 대해 요엘의 예언이 성취된 것이라고 해석한다. 초기 기독교 공동체들 내에서 여성이 담당했던 역할과 관련해 이 본문이 당신에게 시사하는 바는 무엇인가?

14. 침묵

뵈뵈는 후견인이자 집사였고, 바울은 그를 추천했다. 그는 여성이 다양한 이유를 가지고 발언했던 사회에 살았다. 그런데 그는 로마 교회에서도 연설을 했을까? 많은 이들은 한 가지 이유로 이 질문에 아니라고 답할 것이다. 바울이 여성의 발언을 허용하지 않았다는 것이다.

우리는 여성의 말과 관련한 주된 가르침이 말하지 **않는** 것이었다는 사고방식에 익숙하다. 예를 들어 디모데전서는 다음과 같이 언급한다. "여자는 일체 순종함으로 조용히 배우라. 여자가 가르치는 것과 남자를 주관하는 것을 허락하지 아니하노니 오직 조용할지니라"(딤전 2:11-12). 여성은 조용해야 한다는 기대가 뵈뵈의 발언권 또한 제한했을까?

앞의 두 장에서 우리는 여성의 발언을 권장하는 사회적 패턴을 살펴보았다. 그러나 전체적인 상황을 이해하기 위해서 우리는 침묵을 둘러싼 사회적 규범이 무엇이었는지 또한 고려할 필요가 있으며, 이 장과 다음 장에서 이를 다룰 것이다. 당시 침묵은 여성이 어떤 상황에서도 따라야 하는 '규칙'이었을까? 아니면 어떤 상황에서는 적용되고 어떤 상황에서는 그렇지 않던 규칙이었을까? 이와 관련한 사회적 기대는 바울 서신 독자들이 뵈뵈가 누구이며 그의 역할이 무엇이었는지 이해하는 방식을 형성했을 것이다.

사실 신약 시대에 침묵과 관련한 사회적 규범이라는 것이 존재하긴 했지만, 이는 지금 우리의 예상보다 훨씬 탄력적이었다. 일례로 '침묵의 규칙'이라는 것이 각각 다른 상황에서 어떻게 적용되었는지에 대한 다양한 예시가 존재한다. 만약 우리가 당시 사람들에게 이 규칙이 어떤 의미였는지 더 잘 이해할 수 있다면, 초기 교회에서 이 규칙이 어떻게 적용되었는지에 대해서도 이해할 수 있을 것이다. 그러니 일단 그 규칙 자체를 살펴보고 사람들이 이와 관련해 무엇을 중요하게 생각했는지 살펴보자. 그리고 이어지는 장에서는 이 문화 속의 사람들이 침묵의 규칙을 어떻게 일상적 삶에 적용했는지 생각해 볼 것이다.

침묵의 규칙

여성이 조용해야 한다는 것은 신약성경에만 등장하는 생각이 아니다. 이는 당시에 일반적으로 주어지는 조언이었다. 고대 남성

"여성이 조용해야 한다는 것은 당시에 일반적으로 주어지는 조언이었다."

저자들이 여성의 침묵이라는 규범을 제시하는 두 가지 예시가 있다.

우선, 철학자 플루타르코스는 여성이 침묵하는 것이 이상적이라고 생각했다. 〈신랑 신부에게 보내는 조언〉에서, 그는 여성들에게 가족을 위해 발언하는 역할은 남편이 맡게 해야 한다고 썼다. "아내는 오직 남편에게, 혹은 남편을 통해 말해야 한다. 그리고 피리 부는 사람처럼 다른 사람의 혀를 통해 더 고상한 음악을 만드는 것에 분개해서는 안 된다."[1] 플루타르코스는 여성이 남편에게는 말할 수 있지만 더 넓은 범위의 청자에게 말하고자 한다면 남편이 말하도록 해야 한다고 주장했다. 가장 이상적인 것은 남성이 가족의 목소리가 되고 아내는 남편을 따르는 것이었다.

두 번째 예시는 부의 과시를 제한하는 법령을 반대하던 로마 여성들에 대한 이야기에 등장한다. 원로원이 해당 법을 철회하는 것을 고심하자, 여성들은 거리로 나와 토론을 위해 광장에 모인 원로원 의원들을 둘러싸고 로비를 했다. 여성들의 반대파였던 의원 중 카토라는 유력 인사가 있었는데, 그는 여성들의 이런 행동이야말로 해당 법령을 계속 유지해야 할 정당성을 보여 준다고 주장했다. "여성들이 거리로 뛰쳐나와서 길을 막고 다른 여자의 남편에게 말을 하고 있는 이것은 도대체 무슨 행동이오? 당신들은 집에서 자기 남편에게 그 요청을 할 수 없었소?"[2] 카토는 이 사안에 대해서는 오직 집에서, 각자의 남편에게 호소해야 했다는 이유로 그들의 행동이 부적절했음을 지적한다.

만약 카토의 발언이 익숙하게 들린다면, 아마도 바울이 고린도전서 14:35에서 사용하는 표현들이 카토의 것과 유사하기 때문일 것이다. 바울은 이렇게 쓴다. "만일 무엇을 배우려거든 집에서 자기 남편에게 물을지니." 이 자료들의 유사성으로 인해, 많은 사람이 여성의 발언을 금지하는 공고한 법이 존재했다고 주장해 왔다. 더 말할 필요도 없지 않은가? 하지만 사실은 그렇지 않을 수 있다. 이미 살펴보았듯이 여성이 발언할 수 있는 많은 상황이 존재했기 때문이다. 고대인들이 침묵의 어떤 면에 가치를 두었는지 조금만 더 이해한다면, 이러한 규칙들이 생각보다 유연했던 이유를 이해하는 데 도움이 될 것이다.

침묵의 의미

신약 시대에 침묵은 사회적으로 더 높은 지위를 가진 사람과 함께 있을 때 누구나 갖추어야 할 덕목이었다. 이것은 여성이 자신보다 높은 지위의 남성들 사이에 있을 때뿐 아니라, 남성이 자신보다 높은 지위의 사람과 함께 있을 때도 마찬가지였다.

"침묵은 누구나 갖추어야 할 덕목이었다."

침묵은 어디서나 강조되는 자기 절제라는 미덕의 한 측면이었다. 철학자들은 혀를 다스리는 것이 실로 어려운 일이라고 생각했다! 지혜롭게 말한다는 것은 무엇을 말해야 할지를 아는 것이지만, 또한 언제 침묵해야 하는지 안다는 뜻이기도 했다. 많은 작가들은 실질적으로 도움이 될 만한 것도 없으면서 끊임없이 떠들기만 하는 '수다쟁이들'을 비판했다. 자기를 절제할 줄 아는 사람이란 불필요할 때 말을 삼가는 사람, 혹은 다른 사람이 말할 때 나서지 않는 사람을 의미했다.

플루타르코스의 다음과 같은 말도 한번 살펴보자. "또한 수다쟁이들은 상급자나 나이 많은 사람과 교제하는 것이 언제나 유익하다. 그들의 의견을 존중하며 듣다 보면 침묵하는 것에 익숙해지기 때문이다."[3] 여성에게 하는 말처럼 들리지만, 사실 플루타르코스는 **남성** 청중을 염두에 두고 있었고 따라서 그가 말하는 '수다쟁이'는 남성이다. 플루타르코스는 남성들을 향해, 나이 많은 사람들과 함께 있는 것이 필요시 침묵을 지키는 훈련에 도움이 된다고 가르친다.

로마가 매우 위계적인 사회였기에, 누구에게 말할 수 있고 또 무엇을 말해야 하는지를 아는 것은 여성뿐 아니라 남성에게도 매우 중요했다. 플루타르코스는 남성이 상급자나 연장자가 있는 상황에서 침묵을 지키기 위해 스스로 훈련하는 것을 가치 있는 일로 여겼다. 그리고 이것은 사회적 계급이 높은 남성과 자리를 함께하는 여성도 마찬가지였다. 이 모든 경우에 침묵을 지키는 것은 미덕이었다.

그러나 때로 남성보다 더 높은 사회적 지위를 가진 여성도 있었다. 우리는 모든 여성이 모든 남성보다 열등했던 것은 아니라는 점을 기억해야 한다. 일반적으로 여성이 남성보다 열등하고 노예가 자유인에 비해 열등하다는 등 고대인들이 남긴 자료들 때문에, 우리는 마치 모든 여성이 모든 남성 아래에 있었다는 인

"때로 남성보다 더 높은 사회적 지위를 가진 여성도 있었다."

상을 받는다. 그러나 실질적으로 한 사람의 사회적 지위는 여러 요인의 종합으로 결정되었다. 성별은 한 사람의 사회적 지위를 결정하는 요인들 중 하나에 지나지 않았다. 다른 중요한 요인에는 나이, 부, 혈통, 노예/자유인 신분, 시민권 등이 있었고, 이에 따라 놀라울 만큼 다양한 가능성들이 존재했다!

예를 들어, 황제의 노예 중 몇몇은 권력을 쥐고 있었고 그들은 가난한 자유인보다도 사회적 지위가 더 높아 보일 수 있었다. 어떤 남성이 어떤 여성보다 신분이 낮거나 가난하거나 어린 경우, 여성의 지위가 더 높을 수도 있었다. 다른 조건이 동일하다는 전제하에 로마 시민권자들은 다른 이들, 이를테면 에베소 시민보다 더 높은 지위를 가졌다.

남성이나 여성이라는 점은 사회적 지위의 한 측면이었다. 만약 다른 요인들이 동일하다면 남성은 남성이라는 이유만으로 여성보다 더 높은 사회적 지위를 가졌다. 우리는 종종 성별 그 자체가 다른 모든 요소보다 앞서는 조건이었다고 생각하지만 사실 그렇지 않았다. 부유한 여성은 대부분의 남성보다 높은 사회적 지위가 있었다.

많은 경우 엘리트 계층 여성들은 다른 남성들보다 확실히 더

높은 사회적 지위가 있었다. 그러나 하층 계급 여성이라고 해서 모두 남성보다 열등했던 것은 아니다. 사회적 지위란 언제나 상대적인 것이었고, 특정한 때에 누구와 함께 있느냐에 따라 달라졌다. 만약 엘리트 남성이 자신의 부모나 동료들과 동석했다면 그의 침묵은 좋은 교육을 받았음을 보여 주는 요소였을 것이다. 그리고 사업주 여성이 자신의 시장 좌판에서 다른 상인 및 손님들과 함께 있는 상황이었다면, 다른 남성들보다 더 높은 지위를 가질 수도 있었다.

때로 사회적 기대가 우리의 기대와 정반대가 되는 경우, 남성이 여성의 지위 때문에 침묵하기도 했다. 다른 도시를 여행하다 잘 모르는 부유한 이모와 조우하게 된 한 남성의 이야기가 있다. 노예 한 명이 이모에게 말을 걸라고 권유하지만 이 남성은 거절한다. "나는 갑자기 얼굴이 빨개지면서 이렇게 대답했다. '잘 모르는 여성 앞이라 조심스럽네.' 그리고 나는 바닥을 내려다보면서 그냥 서 있었다. 그러자 그분은 돌아서서 나를 쳐다보고 이렇게 말했다. '저 예절 바른 몸가짐을 순수하고 고결한 어머니 살비아에게서 물려받았구나.'"4 여기서 남성 화자의 침묵은 고결한 것으로 해석된다. 이 남자는 이모의 높은 지위에 대한 존경의 마음으로 이모가 먼저 말을 걸어 주기를 기다린 것이다.

누가 말해야 하는가의 문제를 복잡하게 만든 것은, 사람들이 화자의 사회적 지위에 더해 미덕까지 평가했다는 점이다. 고귀한 태생의 남성이라 할지라도, 해방 노예 출신 남성이 철학을 공부했고 학식이 뛰어났다면 그에 비해 상대적으로 열등한 화자로 취급

될 수 있었다. 로마 사회의 위계질서는 아주 엄격했지만, 당시에는 아직 상당한 사회적 유동성이 존재했다. 그리고 사람들은 미덕의 표현을 중요한 자격으로 여겼다.

그러므로 누군가의 발언에 대한 평가는 사람들이 그것을 현명하다고 판단하느냐 어리석다고 판단하느냐에 따라 어느 정도 달려 있었다. 살펴보았듯이 재난 상황에서 용감하게 발언했던 여성들은 자신에게 말할 권한이 있다고 분명히 느꼈다. 그렇지 않았다면 그들의 이야기는 전해지지 않았을 테니 말이다. 그러나 그 이야기들은 계속해서 전해졌고, 그 이유는 여성들의 발언이나 행동들이 현명하다는 평가를 받았기 때문이다.

그리고 이런 경우 여성들의 발언은 환영받았다. 앞 장에서 다루었던 유 **"여성들의 발언은 환영받았다."** 딧의 경우를 떠올려 보자. 그는 자기 마을에서 높은 지위를 가진 고결한 여성이었다. 그는 장로들을 모으고 그들의 행실을 꾸짖었다. 유딧의 발언은 실질적으로 그의 미덕을 강화했는데, 부분적인 이유는 상황에 대한 그의 평가가 정확했기 때문이다. 그가 꾸짖었던 장로조차도 유딧의 지혜를 알아보았다. 부유함과 미덕을 모두 갖춘 유딧의 지위는 그의 발언이 받아들여지는 데 더 도움이 되었을 것이다.

고대에 침묵은 중요한 기술이었다. 침묵은 연장자들과 더 높은 지위를 가진 사람들 앞에서 겸양을 표현했다. 만약 우리가 혀를 다스릴 수 있다면, 차후에 후회할 일을 덜 하게 될 것이다. 그리고 이러한 실질적인 유익 외에도, 침묵은 그 자체로 미덕이었다. 적절한 상황에 조용히 하는 것은 지혜와 자기 훈련을 드러냈다.

신약성경이 말하는 침묵

"신약성경 또한 말을 아끼는
것에 대한 당시 사회의
가치를 공유했다."

신약성경 또한 말을 아끼는 것에 대한 당시 사회의 가치를 공유했다. 말을 아껴야 하는 것은 여성뿐 아니라 남성 또한 마찬가지였다. 야고보서는 말을 절제하는 것이 얼마나 어렵고도 필요한 일인지를 보여 주는 하나의 예시를 제공한다. "여러 종류의 짐승과 새와 벌레와 바다의 생물은 다 사람이 길들일 수 있고 길들여 왔거니와 혀는 능히 길들일 사람이 없나니 쉬지 아니하는 악이요 죽이는 독이 가득한 것이라. 이것으로 우리가 주 아버지를 찬송하고 또 이것으로 하나님의 형상대로 지음을 받은 사람을 저주하나니 한 입에서 찬송과 저주가 나오는도다. 내 형제들아, 이것이 마땅하지 아니하니라"(약 3:7-10). 야고보는 말을 잘하는 것이 **누구에게나** 어려운 일이라고 가르친다. 자제력을 잃고 해서는 안 되는 말을 하기가 너무 쉽기에, 침묵할 줄 아는 능력이 미덕인 것이다.

디모데전서는 침묵이 자기 절제를 실천하는 하나의 방식이라고 해석한다. 디모데전서 2:9은 여성이 "소박하고 정숙하게 단정한 옷차림"으로 몸을 꾸며야 한다고 말한다. 이때 '정숙함'을 나타내는 그리스어(소프로쉬네)는 자기 절제의 뜻을 갖는다. 이 단어는 디모데전서 2:9-15의 첫 절과 마지막 절에 등장하여 해당 문단의 틀을 구성한다. 신약 시대에 자기 절제라는 덕목에 대한 논의에는 종종 의복과 말하기가 포함되었다. 사람들은 너무 사치스럽게 입어서는 안 되었고, 적절한 정도의 말을 적절한 청자에게 해야 했다. 두 주제를 모두 언급한다는 점에서 디모데전서는 자기 절제라는 전통적 덕목을 공유하는 본문으로 보인다.

　　침묵에 대한 요청은 그 시대의 젠더화된 사회적 규범을 반영했다. 여성에게 침묵할 것을 명령하는 두 신약 본문은 일반적으로 여성이 남성보다 낮은 신분을 갖는다는 문화적 전제를 반영했다. 고린도전서는 여성에게는 "말하는 것을 허락함이 없나니 …오직 복종[해야]"(14:34) 한다고 진술한다. 여기서 발언의 금지는 여성의 종속적 신분과 직접적 관련성을 가지고 명시되었다. 이와 유사하게 디모데전서는 이렇게 단언한다. "여자가 가르치는 것과 남자를 주관하는 것을 허락하지 아니하노니 오직 조용할지니라"(2:12). 침묵은 남성과 여성에게 부여된 문화적 권한의 차이에 대한 인식을 나타냈다.

　　이 모든 전통이 디모데전서나 고린도전서의 초기 독자들에게는 매우 친숙했을 것이다. 그것이 전통적이고 일상적인 지혜였기 때문이다. 사회적으로 존경받는 사람 앞에서 말을 아끼는 것은 바람직했다. 침묵은 자기 절제를 기르는 훈련이었다. 침묵을 권하는 신약 본문들은 이러한 당시 사회의 주요 가치를 긍정했다. 여성은 종종 말을 아끼며 남성이 말하도록 해야 했다.

　　현대의 해석자들은 종종 성경 기자들이 일종의 소동에 응답하는 차원에서 이런 본문을 썼을 것이라 주장하기도 한다. 몇몇 여성이 가르치거나 말하는 방식이 공동체 차원의 혼란을 야기했기에, 문제를 해결하기 위해 여성들로 하여금 말을 아끼도록 권면했다는 것이다. 물론 이런 역사적 정황이 있었을 가능성도 있고, 이 편지들 이면의 구체적 상황을 상상해 볼 수도 있다. 그러나 그것은 그저 가능성일 뿐이며 역사적 사실이 정말로 어땠는지는 결코 알 수 없다. 사실 당시의 다른 저자들은 이런 긴급한 이유 **없이도** 기본적으로 이런 원칙을 긍정했다. 그들은 뛰어난 사람들이 구현하는 어렵고도 중요한 덕목으로 침묵을 이해했다. 신약성경 곳곳에서 자기 절제의 중요성을 긍정하는 저자들은 이에 단순하게 동의할 것이다.

신약성경의 다음 본문들을 보면서, 특별히 여성에만 국한되지 않은 이 본문들에서 어떻게 침묵이라는 미덕이 드러나는지 살펴보자.

말하는 이들에 대한 지침

바울은 비단 여성뿐 아니라 예배 중 발언을 맡은 다양한 사람들을 향해 가르침을 전한다.

그런즉 형제들아 어찌할까 너희가 모일 때에 각각 찬송시도 있으며 가르치는 말씀도 있으며 계시도 있으며 방언도 있으며 통역함도 있나니 모든 것을 덕을 세우기 위하여 하라. 만일 누가 방언으로 말하거든 두 사람이나 많아야 세 사람이 차례를 따라

하고 한 사람이 통역할 것이요 만일 통역하는 자가 없으면 교회에서는 잠잠하고 자기와 하나님께 말할 것이요 예언하는 자는 둘이나 셋이나 말하고 다른 이들은 분별할 것이요 만일 곁에 앉아 있는 다른 이에게 계시가 있으면 먼저 하던 자는 잠잠할지니라. 너희는 다 모든 사람으로 배우게 하고 모든 사람으로 권면을 받게 하기 위하여 하나씩 하나씩 예언할 수 있느니라. 예언하는 자들의 영은 예언하는 자들에게 제재를 받나니 하나님은 무질서의 하나님이 아니시요 오직 화평의 하나님이시니라(고전 14:26-33).

1. 28절과 30절에서 '잠잠하라'로 번역된 단어는 같은 그리스어 단어다. 또 바울은 이어지는 34절에서도 같은 그리스어 단어를 사용하여 여자는 교회에서 '잠잠해야' 한다고 말한다. 28절과 30절을 다시 읽고 바울이 왜 말하는 이들에게 침묵하라고 가르치는지 써 보자. 이 가르침을 준 이유라고 생각되는 구체적인 표현을 써 보자.

   28절
   30절

2. 고린도전서의 당시 독자들은, 바울의 이 가르침이 침묵이 자기 절제의 표현이라는 생각과 일치한다고 여겼을까?

눈먼 남자를 치유하시는 예수님

누가복음에는 예수님이 한 눈먼 사람을 치유하시는 본문이 담겨 있다. 이야기는 이 남자가 예수님께 외치다가 조용히 하라는 압박을 받으며 시작된다.

여리고에 가까이 가셨을 때에 한 맹인이 길가에 앉아 구걸하다가 무리가 지나감을 듣고 이 무슨 일이냐고 물은대 그들이 나사렛 예수께서 지나가신다 하니 맹인이 외쳐 이르되 다윗의 자손 예수여 나를 불쌍히 여기소서 하거늘, 앞서가는 자들이 그를 꾸짖어 잠잠하라 하되 그가 더욱 크게 소리 질러 다윗의 자손이여 나를 불쌍히 여기소서 하는지라(눅 18:35-39).

왜 사람들은 남자에게 조용히 하라고 했을까? (참고로 '잠 잠하라'에 대한 그리스어 단어는 앞의 단어와 동일하다.) 조용히 시키고자 한 군중을 이해하기 위해, 침묵과 관련한 당시 사회적 기대가 무엇이었는지 써 보자.

15. 말과 침묵

뵈뵈는 앞 장에서 다룬 침묵에 대한 문화적 기대를 알고 있었다.
그는 자신보다 더 높은 지위에 있는 사람 앞에서 존경의 의미로
침묵하는 것이 미덕임을 알았다. 그는 침묵이 자기 절제를 나타낸
다는 사실도 알고 있었다. 왜냐하면 할 말이 있을 때 침묵하는 것
은 무척 힘든 일이기 때문이다. 뵈뵈가 이런 규칙들에 대한 이해
없이 교회에서 지위를 얻었을 것이라고 상상하기는 힘들다.

그러나 그런 규칙들이 로마 방문
에는 어떻게 적용되었을까? 신약 시대 "침묵은 모든 상황에 일괄
를 이해하기 위해 우리는 당시 문화의   적용되는 규칙이 아니었다."
규칙들뿐 아니라, 그것의 적용 방식에
대해 사람들이 어떻게 생각하고 있었는지도 알 필요가 있다. 침묵
은 모든 상황에 일괄 적용되는 규칙이 아니었다. 말하는 것이 적절

할 때도 있었고, 침묵하는 것이 나을 때도 있었다. 문화적 규범은 규칙을 제시하는 동시에 다양한 상황에서 규칙들이 어떻게 적용되는지도 알려 준다.

내가 속한 북미 사회의 문화는 표현의 자유를 귀하게 여긴다. 우리가 가진 이 중요한 권리 덕분에 우리는 정치적 견해를 정부의 간섭 없이 표현할 수 있다. 그렇지만 어느 상황에서든 그 자유를 누리기로 선택하지는 않는다. 예를 들어, 우리 중 대부분은 극장 한가운데서 갑자기 일어나 정치적 연설을 시작하지는 않을 것이다. 그런 상황에서 우리는 조용히 하는데, 이 순간에 헌법에 보장된 권리를 경시하기 때문이 아니다. 그렇게 하는 이유는 문화가 우리에게 규칙은 다양한 상황에서 다양한 방식으로 적용되어야 한다고 가르쳐 주기 때문이다.

그러므로 신약 시대에 '침묵의 규칙'이 존재했다 할지라도, 우리는 이 문화권에 속했던 사람들이 어떻게 그것을 적용했는지에 대해서도 생각해 보아야 한다. 우리는 여성의 발언이 언제나 사회적 규칙을 어기는 것은 아니었음을 보여 주는 많은 증거들을 보았다. 사회적 규범은 어떻게 여성의 말과 침묵을 형성했을까?

문화적 규칙 적용하기

플루타르코스와 카토의 글에 언급된 침묵의 규칙에 대해 생각해 보자. 플루타르코스는 여성은 자신의 남편에게만 말하고 남편이 가족을 대표해 말하도록 해야 한다고 주장했다. 그런데 구체적으로 그는 이 규칙을 어떻게 적용해야 한다고 생각했을까?

여성이 남편에게만 말해야 한다고 쓴 그 책에서 플루타르코스는 많은 여성 철학자들을 인용한다. 그는 이 여성들이 했던 다양한 말들을 인정하며, 자신의 생각을 지지하기 위해 그들의 말을 사용한다. 또한 자신의 아내가 쓴 철학 논고를 추천하기도 한다. 그러므로 플루타르코스는 여성이 절대로 자기 목소리를 내서는 안 된다고 생각하지는 않았던 것 같다.

플루타르코스가 전하는 다른 여성들의 이야기에서도 그는 여성의 발언을 승인한다. 고도로 격앙된 정치적 순간에 남편의 목숨을 구하려고 아버지에게 탄원했던 킬로니스라는 여성을 칭송한 플루타르코스를 떠올려 보라. 그 둘은 정적이었고, 킬로니스는 많은 사람이 모인 군중 속에서 아버지에게 외치며 폭군이 아닌 좋은 지도자가 된다는 것은 자비를 보여 주는 것임을 상기시킨다. 플루타르코스는 높은 지위의 여성이 정치적 상황에서 사람들을 안전하게 보호하기 위해 발언했던 다른 이야기들도 전한다.

핵심은, 여성이 자신보다 더 큰 권력을 가진 남성에게 발언권을 양보해야 한다는 사회적 규범을 플루타르코스가 알았다는 점이다. 그러나 이를 현실에 적용할 때 침묵만이 여성에게 유일한 선택지는 아니었다. 여성이 발언할 수 있는 많은 상황이 존재했고 어떤 것은 너무 흔해서 일일이 거론하기가 번거로울 정도다. 그리고 여성들은 정치적 위기 상황이나 가족이 위기에 처했을 때 발언했고, 그 발언은 지혜롭고 적절한 것으로 환영받았다. 그러므로 플루타르코스가 인용하는 침묵의 규칙이 모든 상황에 엄격하게 적용되지는 않았던 것으로 보인다.

앞 장에서 보았던 침묵의 규칙의 다른 예시들도 마찬가지다. 카토가 몇몇 법을 철회하는 것을 반대하는 연설을 하자, 도시의 여성들은 법 철회를 옹호하는 시위를 했다. 카토는 여성들을 두고 이렇게 말했다. "당신들은 집에서 자기 남편에게 그 요청을 할 수 없었소?" 카토가 마치 직접 여성들을 향해 집에 가서 조용히 하라고 말한 것처럼 들리지만, 이는 사실 정치적 논쟁 중에 나온 말이었고 따라서 이 말을 들은 사람은 여성들이 아니라 다른 원로원 의원들이었다! 그는 자신이 여성들에게 말할 수 **있었을** 상황을 가정하고, 그 말을 인용한 것이다.

카토는 여성이 침묵해야 함을 모든 사람이 아는 것처럼 말하고, 이 생각을 그의 주장에 사용한다. 앞 장에서 보았듯이 어쨌든 여성이 침묵해야 한다는 것은 널리 퍼져 있는 생각이었다. 카토는 이 여성들의 행동이, 법이 철회될 때 증가할 무절제한 행위들을 보여 주는 단적인 예라고 생각했다. 그러나 그가 실제로 여성의 말을 막고자 한 것은 아니었다.

더욱 흥미로운 것은 카토가 여성들에게 이 말을 하지 않은 이유다. 그는 여성들에게 남편에게만 말하라고 할 수 **있었으나** 그러지 **않았던** 것은 몇몇 여성이 품위 있고 정숙한 이들이었기 때문이었다고 했다. 카토는 여성이 말해서는 안 된다는 사회적 규칙을 언급하지만, 높은 신분의 여성들 앞에서는 그들을 꾸짖기보다 침묵하기를 선택한다.

또 다른 중요한 사실은 카토의 정적이었던 발레리우스가 여성의 발언을 지지했다는 것이다. 그의 긴 연설을 요약하자면, 그는 한마디로 다음과 같이 말한 셈이다. '이 여성들의 행동은 새로운 것이 아닙니다. 그들은 항상 자신과 관계된 문제에 목소리를 높여 왔어요. 그나저나 카토 당신은 당신의 역사책에다 여성의 발언을 찬양하는 이야기들을 잔뜩 실어 놓고서는, 왜 여성이 말하지 말아야 한다고 생각하는 척하는 거요?' 발레리우스는 카토 역시 어떤 상황에서는 여성의 발언을 칭송했다는 사실을 지적함으로써 여성이 정치적 문제에 대해 발언하지 말아야 한다는 주장을 약화시킨다. 그리고 여성의 발언이 기대되거나 칭송받았던 유명한 역사를 상기시키는 이야기들을 다시 들려준다.

카토의 발언은 자신의 주장을 뒷받침할 수 있는 하나의 이상으로서 여성의 침묵이라는 이상이 존재했음을 상기시킨다. 그러나 발레리우스의 주장 또한 고대의 이상에 대해 중요한 것을 말해 주는데, 바로 여성의 발언이 특이한 것이 아니었다는 사실이다. 용기와 시민 정신을 보여 주는 예시로서 여성의 발언은 실로 칭송과 인정을 받아 마땅한 것이었다.

결국 사건이 어떻게 되었느냐 하면, 여성들 측이 승리했다. 역사가 리비우스의 기록에 따르면, 카토와 발레리우스가 연설한 다음 날 더 많은 수의 여성들이 법 철회를 지지하기 위해 밖으로 나왔고 법 철회를 허락하도록 지도자들을 설득했다. 만약 여성의 침묵이 변치 않는 법이었다면, 추측건대 여성들의 탄원은 성공적이지 않았을 것이다.

그러므로 1세기 당시 침묵과 말의 규칙에 대해 이야기할 때, 우리는 여성의 말을 제한하던 규범을 보여 주는 증거뿐 아니라 그들의 말을 독려했던 관습도 함께 고려해야 한다. 지위가 더 높은 남성(보통 남편도 여기 포함되었다)과 함께 있을 때 여성이 침묵하는 것이 낫다는 사회적 합의가 존재했으나, 여성이 가족의 이익을 위해 목소리를 내야 한다는 사회적 합의 또한 존재했다. 심지어 어떤 경우 여성이 자신보다 높은 지위를 가진 남성에게 담대하게 목소리를 낸 것으로 칭송을 받기도 했다.

여기서 말과 침묵에 대한 문화적 '규칙들'을 다음과 같은 방식으로 요약할 수 있다.

1. 침묵은 지위가 더 높은 사람과 함께 있을 때 자기 절제를 나타낸다는 면에서 남성과 여성 모두에게 미덕의 증거였다.
2. 때로 여성이 남성보다 더 높은 사회적 지위를 가졌으며, 이 경우 여성이 발언하는 것은 당연한 행동이었다.
3. 도시나 가족을 대표해서 담대한 발언을 하는 것은 고결한 행동이었다.

이같이 더 미묘한 규칙들은, 왜 침묵의 이상과 더불어 여성이 발언하는 다수의 사례가 존재하는지를 설명해 준다. 당시 문화는 남성, 특히 여성보다 높은 지위를 가진 남성이 발언하는 것을 선호했다. 그러나 여성의 발언 자체가 금지되지는 않았다. 특히 가족이나 지역사회의 이익을 위해 발언할 때 그 발언은 가치 있게 여겨졌다.

신약성경에 나오는 말과 침묵

당시의 전반적 문화와 유사하게, 신약성경은 여성의 발언을 증언하는 **동시에** 여성의 침묵과 복종에 대한 사회적 규칙들도 담고 있다. 이 유사성 때문에 1세기 독자들은 여성의 침묵에 대한 진술을 당시 관습에 따라 적용한 규칙으로 이해했을 수 있다. 이 독자들은 여성이 남성에게 복종해야 한다는 본문이나 여성이 발언해서는 안 된다는 가정에 익숙했다. 그들이 여성의 침묵에 관한 신약성경의 언어들을 이 같은 방식으로 이해했을 가능성은 꽤 높다.

혀를 다스리는 것이 미덕이라고 해서 언제나 완벽한 침묵이 요구된 것은 아니었다. 심지어 여성이라 할지라도 말이다. 침묵의 미덕은 여성의 리더십을 전제한 본문들을 포함해 신약성경의 여러 곳에 등장한다. 우리는 디모데전서가 침묵에 대해 말하는 내용(딤전 2:11-12)에 익숙하다. 그러나 이 편지의 다음 장에서는, 교회 지도자의 자격으로 말과 관련한 자기 절제가 언급된다. 감독은 '가르치기를 잘하며' '다투지 아니해야' 했다(3:2, 3). 마찬가지로 남성 집사는 '일구이언을 하지'(3:8, 문자적으로는 '가식적이지') 않아야 했다. 그리고 유사한 자격 요건이 여성 집사에게도 적용되는데, 이들은 '모함하지' 않아야 했다(3:11). 거짓되거나 부정직한 말은 신앙의 삶에 부적절하며, 따라서 그런 남성과 여성은 지도자가 될 자격이 없다. 이 본문은 여성과 남성 모두 발언을 했으며, 진실하게 말하는 사람이 좋은 지도자에 포함되었음을 암시한다.

고린도전서의 표현 역시, 침묵의 규칙과 자기 목소리를 내는 여성의 사례를 함께 언급한다. 여성이 말하는 것이 허락되지 않는다는 바울의 주장(고전 14:34)은 지금껏 보아 온 사회적 규범을 답습한다. 문화적 전제는 질서정연한 사회는 아내보다는 남편의 발언을 선호한다는 생각이었다. 그러나 고린도전서는 동시에 여성의 발언이 예배에 일반적으로 포함된다는 생각을 드러낸다. 바울은 남성은 그럴 필요가 없지만 여성이 기도하거나 예언할 때는 머리를 가려야 한다고 가르친다(11:5-6). 나아가 바울은 예언이 아주 중요한 영적 은사라고 칭송하며(12:28; 14:1), 여성들이 이 은사를 갖고 있으며 이를 교회에 나누고 있다고 전제한다.

"여성의 침묵이라는 '규칙'은 이러한 발언들을 금지하지 않았다."

설령 '말하는 것이 허락되지 않는다'는 규칙이 있었더라도, 이는 당시 문화적 규범에 따라 적용되는 하나의 규칙일 뿐이었다. 여성이 다양한 상황에서 발언하는 것이 관습이었던 그때, 만약 바울이 여성의 모든 말을 금지하고 싶었다면 이에 대해 더 자세하게 설명할 필요를 느꼈을 것이다. 게다가 여성의 기도나 예언을 언급하면서 그들의 발언을 인정했으니 말이다. 하지만 바울은 둘 사이에서 모순을 느끼지 않는다. 그는 당시 독자들이 이해했을 법한 방식으로 말하고 있다. 문화적 규범에 따라 적용했을 때,

여성의 침묵이라는 '규칙'은 이러한 발언들을 금지하지 않았다. 사실상 그러한 발언들은 사회적 규범을 파괴한다고 이해되기보다 오히려 권장되었다.

이제 신약성경이 보여 주는 말과 침묵에 대해 관찰해 온 것들을 요약해 보자.

신약성경에 나오는 말과 침묵

신약성경에는 여성이 잠잠해야 한다는 가르침이 등장한다. 한편으로는 여성이 여러 이유로 발언하는 예시들도 존재한다. 다음은 그 사례들이며, 10장과 11장에서 검토한 것과 같은 본문에서 가져왔다.

침묵

고린도전서 14:33-35	여자는 잠잠해야 한다.
디모데전서 2:11-12	여자는 잠잠해야 한다.

발언

마태복음 15:21-28	가나안 여자가 예수님께 자신의 딸을 위해 탄원하다.
마태복음 20:20-23	세베대의 아들들의 어머니가 아들들이 높은 지위를 얻게 해 달라고 탄원하다.

마태복음 27:19	빌라도의 아내가 예수님의 무고함에 대한 꿈을 꾸었다고 이야기하다.
마가복음 6:17-29	헤로디아가 세례 요한의 머리를 요구하다(그리고 얻어 내다).
마가복음 14:66-69	여종이 베드로가 예수님의 제자라고 고발하다.
누가복음 2:36-38	안나가 성전에서 예수님에 대해 말하다.
누가복음 18:1-8	과부가 판관에게 자신의 이익을 위해 탄원하다.
요한복음 20:18	막달라 마리아가 "내가 주를 보았다!"고 선포하다.
사도행전 16:15	루디아가 바울을 설득하여 자신의 집에 머물게 하다.
사도행전 18:26	브리스길라와 아굴라가 아볼로에게 하나님의 도를 설명하다.
사도행전 21:9	예언의 은사를 가진 네 명의 딸

당신이 찾은 증거들을 아래 표에 기록하라(맥락을 떠올리기 위해 해당 본문을 찾아보아도 좋다). 문화적 규칙들이 각 상황에 어떻게 적용되었을지 생각해 보고, 이 여성들의 발언이 허용된 이유를 빈칸에 써 보자.

본문	왜 여성들의 발언이 허용되었을까?
마태복음 15:21-28	
마태복음 20:20-23	

마태복음 27:19	
마가복음 6:17-29	
마가복음 14:66-69	
누가복음 2:36-38	
누가복음 18:1-8	
요한복음 20:18	
사도행전 16:15	
사도행전 18:26	
사도행전 21:9	

묵상

말과 침묵에 대해 지금까지 읽은 것을 잠시 묵상하며 당
신의 생각을 써 보라.

여성의 리더십을 제한해 온 많은 교회는 자신의 관점을
정당화하기 위해 요즘도 디모데전서 2:11-12에 강하게
의지한다. 몇몇은 이 본문이 여성의 목회 리더십을 전면
금지한다고, 또 어떤 이들은 여성이 남성을 지도하거나
설교하는 것을 제한한다고 해석한다. 뵈뵈와 같은 여성
은 이 본문을 어떻게 이해했을까?

결론

바울과 뵈뵈는 서로 협력하는 가까운 관계였다. 바울이 로마서에서 말하는 것으로 볼 때 그는 뵈뵈를 매우 존경했다. 그러나 그는 우리 독자들이 뵈뵈가 누구였고 교회에서 어떤 역할을 했는지 이해하는 데 있어 아주 작은 창구만을 열어 줄 뿐이다. 그래서 우리는 당시 독자들이 뵈뵈에 대한 바울의 간략한 언급에 대해 어떤 전제를 갖고 있었을지 이해하기 위해 역사적인 정보들을 활용했다. 물론 모든 빈칸을 채울 수는 없지만(우리가 확실히 알 수 없는 부분들이 많다) 우리는 뵈뵈가 겐그레아 교회에서 그리고 로마를 방문하며 감당했을 역할에 대해 어느 정도는 정보에 기반해 추측할 수 있다.

뵈뵈가 흥미로운 인물이긴 하지만 단순히 이 인물을 이해하는 것이 우리의 목표는 아니었다. 우리는 신약성경 시대의 모든 여성들(우리가 알고 있는 인물들뿐 아니라 그 이름과 삶에 대해 절대 알 수 없을 수 많은 여성 제자들까지)의 삶을 형성했던 문화적 규범을 살펴보았다.

나는 당신이 이 결론부에서 지금까지 읽고 배워 온 것을 깊이 숙고해 보기를 바란다. 이 책의 전체적인 목표는 신약성경이 여성의 리더십에 대해 무엇이라고 말하는지에 대한 하나의 답을 제시하는 것이 아니었다. 그보다 나는 독자들이 신약성경의 가장 초기 독자들의 방식대로 성경을 이해할 수 있도록 더 정교하고 폭넓은 역사적 정황을 제시하기 위해 노력했다. 이 역사는 당신이 신약성경을 해석해 나가는 데 매우 중요한 도구가 될 것이다.

이제 생각을 모아 자신만의 결론을 도출해 보라. 이 장은 지금까지 읽어 온 내용을 토대로 자신의 생각을 종합하는 과정을 돕기 위해 고안된 것이다. 그것은 세 가지 기본 단계로 이루어진다. (1) 역사적 정황을 요약한다. (2) 이 역사적 정황이 어떻게 신약의 여성들에 대한 자신의 이해를 형성하는지 판단한다. (3) 신약성경의 이러한 해석이 사역하는 여성에 대한 자신의 생각을 어떻게 형성하는지 판단한다. 다음의 내용들은 해당 주제에 대한 생각을 명료하게 표현하도록 공간을 제공할 것이다.

역사적 정황 평가하기

현대 독자들은 오래전부터 고대 여성의 역할을 보여 주는 다양한 증거를 가지고 있었다. 어떤 증거는 여성이 자신의 가정뿐 아니라 더 큰 경제적·사회적 구조에 활동적으로 기여했음을 보여 주었다. 그들이 속한 공동체들은 그들의 리더십을 주목하고 인정했다. 다른 증거들은 여성의 활동에 대한 제약을 언급하거나 여성이 남성보다 열등한 존재라고 묘사했다.

어떤 이들은 명백히 드러나는 모순을 해결하기 위해, 그 증거들이 각기 다른 집단의 여성에게 적용된다고 말한다. 예를 들어, 오직 엘리트 계층만이 여성으로서의 사회적 제약에서 벗어나 도시의 직책을 얻을 수 있었다는 것이다. 몇몇 초기 기독교 역사가들은 오직 이단 공동체만이 여성 지도자를 배출했다고 주장했다.

하지만 이 책은 다른 설명을 제시했다. 부분적인 이유는 여성에 대한 두 가지 생각들을 동시에 언급하는 고대 자료가 매우 많기 때문이었다. 예를 들어, 우리는 유니아 테오도라가 어떻게 '정숙'하면서도 자기 사람들을 위해 옹호 활동을 했는지를 보았다. 당시 사람들에게 이는 상호 배타적인 개념들이 아니었다.

나는 당시의 사회적 규범이 복합적이었음을 논증했다. 때로 문화적 규범들은 서로 긴장 관계에 있었다. 예를 들어 사회적 지위는 중요했으며, 자신의 지위를 과시하는 하나의 방법이 호화로운 옷을 입는 것이었다. 동시에 어떤 규범은 소박한 옷을 입는 미덕을 제시했으며, 이런 행동은 좋은 분별력을 갖고 있다는 뜻이었다. 무엇을 입을지를 결정하는 것은 (마치 어떤 사람은 늘 고급 보석으로 치장하고, 그 외의 사람은 아무런 치장도 하지 않는다는 식의) 극단적인 양자택일의 문제가 아니었다. 개인이 의사 결정을 내릴 때 고려하는 가치는 다양했고, 그 가치들 간의 균형은 상황에 따라 바뀌었을 것이다.

고대의 사회적 규범의 복잡성은 상황에 따라 규범을 적용하는 방식이 달랐다는 점에서도 드러난다. 그리고 이것은 우리의 경우도 마찬가지다. 예를 들어 우리는 (옛날에 비해 훨씬 덜 엄격하긴 하지만) 정숙한 옷차림에 대한 사회적 규범을 가지고 있고, 이러한 규범들은 장소에 따라 다르다. 예를 들어 당신이 해변에서 정숙하게 입는 것과, 교회에서 정숙하게 입는 것은 완전히 다른 의미다. 누군가가 이 두 상황을 혼동해서 교회에 멋지고 정숙한 수영복을 입고 나타난다는 상상을 하기는 정말 어렵다! 왜냐하면 문화는 단순히 정숙함에 대한 규칙만이 아니라 다양한 상황에서 이 규칙들을 적용할 지식도 제공해 주기 때문이다.

이것은 신약 시대의 여성들도 마찬가지였다. 남성 동료들이 함께 있는 집단 속에서, 여성은 자신의 개입이 허용된다고 느끼는 상황이 아닌 이상 발언하지 않기로 결정할 수 있었다. 그러나 어떤 경우에는 모인 이들 중 지위가 가장 높은 편에 속할 수 있었고, 이때 그의 발언은 당연하게 여겨지고 환영을 받았을 것이다. 여성은 남성 후견인에게 양보할 수도 있었고, 한편으로는 시민 단체 내에서의 리더십으로 인해 존경받을 수도 있었다.

> "여러 사회적 규범은 여성이 사회적 영향력을 끼치고 경제적으로 참여하는 것을 지지하고 독려했다."

이 복잡성은 여성이 다양한 역할을 수행하면서도 여전히 전통적 미덕으로 칭송받았던 이유를 이해하게 해준다. 유니아 테오도라 같은 여성은 자신의 지역사회를 정치적으로 옹호했고 '정숙하게 살았던' 사람으로 기억되었다. 매일 가족의 안녕을 위해 일하느라 집에서 멀리 떠나 있었을 가능성이 높았음에도, 아뮈모네는 '가정에 헌신한' 여성으로 이상화되었다. 이 증거들은 당시 사회에서 이러한 여성들이 전통적 미덕에 어긋나는 사람으로 여겨지지 않았음을 시사한다. 여러 사회적 규범은 여성이 사회적 영향력을 끼치고 경제적으로 참여하는 것을 지지하고 독려했다.

1. 아래의 범주를 사용해 지금까지 살펴본 증거들을 목록으로 작성해 보라. 앞으로 돌아가서, 각 범주에서 제시하는 생각과 관련 있는 증거들을 수집해 보라. 증거들을 종합하는 데 시간이 걸릴 수도 있지만, 그 과정에서 주제를 이해하는 데 있어 중요한 것들을 숙고하게 될 것이다.

   A.고대 독자들은 다양한 형태의 여성 리더십에 익숙했다.

   B.여성의 행동을 형성하는 전통적이고 젠더화된 규범이 존재했다.

   C.여성 리더십과 여성적 미덕은 공존 가능했다.

2. 서론의 마지막 부분으로 돌아가서 자신이 4번 질문에 어떻게 답변했는지 살펴보라. 그것은 유니아 루스티카를

기념하는 비문에 놀라운 점 혹은 당신이 고대 여성들에 대해 가진 생각과 상충하는 부분이 있는지를 묻는 질문이었다. 이제 당신은 지금까지 살펴본 증거들을 토대로 이 비문의 기록이 당시 여성의 전반적인 삶을 실제로 반영하는지를 판단할 수 있게 되었다. 공부를 마친 이 시점에 당신의 생각이 어떠한지를 아래에 써 보자.

신약성경 해석하기

이 역사적 배경은 어떻게 신약 본문을 이해하는 방식에 영향을 끼칠까? 신약성경의 초기 독자들은 여성의 행동에 대한 일상적 기대가 다양하다는 사실도 인지하고 있었다. 정숙, 근면, 충실은 여성의 표준적인 미덕들이었지만, 다양한 방식으로 표현될 수 있었다. 게다가 그 덕목들은 종종 여성이 적극적으로 사회적·경제적·종교적 이해를 추구하는 것과 밀접히 연관되기도 했다. 당시 독자들은 이러한 이해들을 바탕으로 신약 본문에 접근했고, 이러한 문화적 맥락에 비추어 본문을 읽었다.

1. 당신이 수집한 역사적 정보들은 신약성경을 이해하는 데 어떤 영향을 주는가?

A. 이 역사적 정보가 유용하다고 생각되는 신약 본문은 무엇인지 브레인스토밍 해 보자. (만약 그룹 스터디를 하고 있

다면, 이것은 여럿이 하기에 정말 좋은 작업이다.) 앞에 언급된 본문들을 나열할 수도 있고, 직접 언급되지 않은 본문을 추가할 수도 있을 것이다.

B. 각 본문을 이해하는 데 역사적 배경이 어떤 도움을 주는가? 익숙하게 들어 온 해석들 가운데, 역사적 맥락을 알고 난 뒤 새삼 낯설게 느껴지는 것이 있는가?

C. 여성 리더십과 관련한 질문에서, 당신과 당신의 교회 공동체는 앞에 나열한 본문들 중 어떤 것을 가장 중요한 본문이라 생각하는가?

D. 뵈뵈에 대한 로마서 16:1-2의 언급을 다시 읽어 보자. "내가 겐그레아 교회의 일꾼으로 있는 우리 자매 뵈뵈를 너희에게 추천하노니, 너희는 주 안에서 성도들의 합당한 예절로 그를 영접하고 무엇이든지 그에게 소용되는 바를 도와줄지니 이는 그가 여러 사람과 나의 보호자가 되었음이라."

지금까지 배운 것에 기초해서 볼 때, 당신은 뵈뵈가 어떤 사람이었다고 생각하는가? 뵈뵈와 그가 담당했던 역할을 고대 독자들은 어떻게 이해했을지 브레인스토밍 해 보자.

결론

2. 더 논의해야 할 질문이나 주제가 있는가? 이 책은 역사를 다루고 있으므로 역사적 질문에 한정되어 있다. 당신이 탐구하고 싶은 다른 관련 주제들이 있을 수 있고, 혹은 이 역사적 시기와 관련해 떠오르는 추가적인 질문이 있을지도 모른다. 그런 주제들이 있다면 아래에 써 보자.

3. 이제 당신은 신약의 여성에 대해 어떤 결론을 내리겠는가?

오늘날 사역하는 여성에 대해 생각하기

이 책의 많은 독자는 교회 내 사역에서 여성이 어떤 역할을 맡아야 하는지에 대해 이미 확고한 신념을 갖고 있다. 어느 정도의 역사적 정보를 새롭게 알게 되었다고 해서, 이 문제에 대한 생각이 바뀌었다고 볼 수는 없다. 그러나 당신은 사역에 참여하는 여성에 대한 자신의 생각을 표현할 새로운 방식을 얻었을 것이다.

1. 당신이 여성의 사역에 대해 생각하는 방식에 영향을 미치는 다른 요인은 무엇인가? 많은 그리스도인이 성경 본문 외에도 많은 것을 고려한다. 아래에서 당신에게 중요한 것들이 있다면 체크해 보라.

▸ 사람을 사역의 자리로 부르시는 성령의 역할

▸ 사역자의 역할을 형성하는 오늘날의 사회적 역할들

▸ 전통의 중요성

▸ 새로운 상황에 응답하여 교회 또한 점차 변화해야 한다는 생각

이외에도 당신이 중요하게 여기는 것이 있다면 무엇이든 추가해 보라.

2. 신약성경에 대한 이해는 오늘날 여성의 사역에 대한 당신의 생각에 어떤 영향을 주는가?

결론

이 책의 주장은 결코 고대 교회가 평등주의를 지향했다는 것이 아니다. 신약성경의 많은 본문은 당시 일반적으로 받아들여졌던 '여성이 남성에 비해 열등하다'는 입장을 전달한다. 그러나 이러한 규범들과 함께, 여성이 공동체에서 활발하게 참여하는 것을 허용하고 심지어 독려하기도 하는 다른 이상도 존재했다. 그리고 신약 본문은 독자에게 이러한 사상 또한 전달한다.

전통적인 여성의 미덕을 지닌 이들은 후견과 옹호 활동을 하고 다양한 시민적·종교적 직책을 수행하면서 놀라운 면모를 보였

다. 신약성경의 초기 독자들은 가족의 필요를 위해 도시 지도자 앞에 나섰던 투리아와 같은 여성, 혹은 자기 사람들의 후견인이자 보호자였던 유니아 테오도라와 같은 여성들에 익숙했을 것이다. 이두 여성은 모두 정숙과 시민적 참여로 칭송받았다. 정숙은 종종 사회적·경제적·종교적 이익을 위한 여성의 적극적 추구와 함께 갈수 있는 미덕이었다.

"그들처럼 이 미덕을 가진 그리스도인 여성들도 자신의 공동체를 다양한 방식으로 이끌도록 부름받았을 것이다."

교회는 그리스도를 믿는 여성이 당시 문화 내에서 폭넓게 받아들여진 미덕을 실천하도록 장려했다. 디도서 저자는 나이 많은 여성이 젊은 여성을 가르치며 "그 남편과 자녀를 사랑하며 신중하며 순전하며 집안일을 하며 선하며 자기 남편에게 복종하게" 하기를 권유했다. 그래야만 "하나님의 말씀이 비방을 받지 않[기]" 때문이다(딛 2:4-5). 서기 1세기와 2세기의 사회적 규범을 공유했던 첫 독자들에게 이 말들은 현대 독자들이 종종 기대하는 의미의 고분고분함이 아니었을 수 있다. 디도서 독자들은 이 미덕의 예로 투리아나 유니아 테오도라 같은 여성들을 떠올렸을 것이다. 당시 여성의 미덕은 가족과 지역사회의 이익을 위해 자신의 영향력과 자원을 강력하게 사용했던 여성들과도 연관되었다. 그들처럼 이 미덕을 가진 그리스도인 여성들도 자신의 공동체를 다양한 방식으로 이끌도록 부름받았을 것이다.

약어

BGU	*Aegyptische Urkunden aus den Königlichen*
Bull. Epi.	*Bulletin épigraphique*
CIG	*Corpus Inscriptionum Graecarum*
CIJ	*Corpus Inscriptionum Judaicarum*
CIL	*Corpus Inscriptionum Latinarum*
ILS	*Inscriptiones Latinae Selectae*
P. Fay.	*Fayum Towns and Their Papyri*
P. Giss.	*Griechische Papyri zu Giessen*
P. Grenf.	*New Classical Fragments and Other Greek and Latin Papyri*
P. Kron.	*L'Archivio di Kronion*
Pleket	*Epigraphica II: Texts on the Social History of the Greek World*
P. Mich.	*Michigan Papyri*
P. Mil.Vogl.	*Papiri della R. Università di Milano*
P. Oxy.	*Oxyrynchus Papyri*

PSI	*Papiri greci e latini*
P.Yadin	*The Documents from the Bar Kochba Period in the Cave of Letters*
SB	*Sammelbuch griechischer Urkunden aus Aegypten*
SEG	*Supplementum Epigraphicum Graecum*
Stud.Pal.	*Studien zur Palaeographie und Papyruskunde*

주

서론

1. *CIL* 2.1956. 특별히 언급하지 않는 한 모든 번역은 저자의 것이다.

1. 재산 소유

1. *BGU* 4.1103. trans. Rowlandson.

2. 재산 관리

1. *CIL* 10.5183.
2. Pliny the Younger, *Letters* 7.24.
3. *P.Grenf.* 2.45a, trans. Rowlandson.
4. *CIJ* 741.
5. Columella, *On Architecture* 12.1-4.
6. *P.Mil.Vogl.* 2.77, trans. Bagnall and Cribiore.

3. 결혼

1. *P.Mich.* 2.121.recto, trans. Evans Grubbs.
2. *P.Yadin* 17, trans. Kraemer.
3. *Bull.Epi.* 1956, no. 213.
4. *BGU* 4.1103, trans. Rowlandson.
5. *BGU* 4.1105, trans. Rowlandson.
6. Philo, *De specialibus legibus* 3.30.

4. 직업

1. *P.Mich.* 8.464, trans. Bagnall and Cribiore.
2. *P.Oxy.* 6.932, trans. Rowlandson.
3. *CIL* 4.1136.
4. *CIL* 6.7581, trans. Lefkowitz and Fant.
5. *CIG* 6855.G

5. 후견인

1. *P.Kron.* 17.
2. *Pleket* 11.G, trans. Lefkowitz and Fant.
3. *CIJ* 1.811.
4. *CIL* 4.171, trans. Lefkowitz and Fant.

6. 사회적 영향력

1. Dio Cassius, *Roman History* 57.12, trans. Cary.
2. *SEG* 18.143.

7. 교육

1. *Stud.Pal.* 22.40, trans. Rowlandson.

2. *P.Giss.* 80, trans. Rowlandson.

3. *PSI* 1.64, trans. Rowlandson.

4. *SB* 5.7572, trans. Bagnall and Cribiore.

8. 정숙

1. *CIL* 6.1527, 31670, trans. Shelton.

2. *CIL* 6.10230, trans. Lefkowitz and Fant.

3. Plutarch, *Advice to the Bride and Groom* 26, trans. Russell.

4. Plutarch, *Advice to the Bride and Groom*, 7, trans. Russell.

5. Plutarch, *Advice to the Bride and Groom* 26, trans. Russell.

9. 근면

1. *ILS* 8402.

10. 충실

1. *CIL* 6.10230.

2. *CIL* 6.1527, 31670.

3. *CIL* 6.1527, 31670, trans. Shelton.

4. Plutarch, *The Virtues of Women* 26, trans. Babbitt.

5. Plutarch, *The Virtues of Women* 27, trans. Babbitt.

11. 조화로운 결혼 관계

1. Plutarch, *Advice to the Bride and Groom* 33, trans. Russell.

2. *BGU* 4.1105, trans. Rowlandson.

3. *CIL* 6.7581, trans. Lefkowitz and Fant.

4. Plutarch, *Advice to the Bride and Groom* 33, trans. Russell.

12. 일상의 말

1. *CIL* 6.9683.

2. Juvenal, *Satires* 6.437–442, trans. Braund.

3. *P.Mich.* 8.464, APIS translation.

4. *P.Fay.* 127, trans. Bagnall and Cribiore.

5. Livy, *History of Rome* 34.1–8, trans. Yardley.

13. 기도와 예언

1. Xenophon, *Ephesian Tale* 5.4, trans. Henderson.

2. Xenophon, *Ephesian Tale* 5.11, trans. Henderson.

3. Plutarch, *On the Obsolescence of Oracles* 9, trans. Babbitt.

14. 침묵

1. Plutarch, *Advice to the Bride and Groom* 32, trans. Russell.

2. Livy, *History of Rome* 34.2.8–11, trans. Sage.

3. Plutarch, *On Talkativeness* 23, trans. Helmbold.

4. Apuleius, *Metamorphoses* 2.2, trans. Hanson.

참고 도서

나는 이 책 곳곳에서 영어로 번역되어 있는 고대의 자료들을 많이
인용했다. 더 자세히 알고 싶은 독자들을 위해, 그 자료들과 그 밖
의 선별된 저술들의 목록을 실어 둔다. 여기 언급되지 않은 고대
자료들은 로엡 고전 총서(Loeb Classical Library)에서 찾아볼 수 있다
(https://www.loeb.classics.com).

Bagnall, Roger S., and Raffaella Cribiore. *Women's Letters from Ancient
     Egypt: 300 BC-AD 800*. Ann Arbor: University of Michigan
     Press, 2006.
Grubbs, Judith Evans. *Women and the Law in the Roman Empire: A Source-
     book on Marriage, Divorce, and Widowhood*. New York: Routledge,
     2002.
Hylen, Susan E. *Women in the New Testament World*. Oxford: Oxford Uni-

versity Press, 2018.

Kraemer, Ross Shepard. *Women's Religions in the Greco-Roman World*. Oxford: Oxford University Press, 2004.

Lefkowitz, Mary R., and Maureen B. Fant. *Women's Life in Greece and Rome: A Source Book in Translation*. 3rd ed. Baltimore: Johns Hopkins University Press, 2005.

Madigan, Kevin, and Carolyn Osiek. *Ordained Women in the Early Church: A Documentary History*. Baltimore: Johns Hopkins University Press, 2005.

Plutarch. "Advice to the Bride and Groom." In *Plutarch's "Advice to the Bride and Groom" and "A Consolation to His Wife": English Translations, Commentary, Interpretive Essays, and Bibliography*, edited by Sarah B. Pomeroy, 5–13. New York: Oxford University Press, 1999.

Rowlandson, Jane, ed. *Women and Society in Greek and Roman Egypt: A Sourcebook*. Cambridge: Cambridge University Press, 1998.

Shelton, Jo-Ann. *As the Romans Did: A Sourcebook in Roman Social History*. Oxford: Oxford University Press, 1998.

주제 색인

성경 및 기타 고대 자료 색인

감수 정동현

연세대학교에서 국문학과 영문학을 공부했고(BA), 장신대 신학대학원(MDiv)과
예일 대학교(STM)를 거쳐, 에모리 대학교에서 신약학으로 박사학위(PhD)를 받았
다. 현재 오스틴 장로교신학교에서 신약학을 가르치고 있다. 저서로 《건축자 바
울》, *Pauline Baptism among the Mysteries: Ritual Messages and the Promise of Initiation*
이 있고, 그 외 다수의 연구 논문을 국내외 학술지에 출판했다. 바울서신과 의례
학, 그리스-로마 신비제의, 초기 기독교 순교 문헌, 유대교 안의 바울, 사회수사적
성서해석 등이 주된 연구 분야이다. 역서로는 《바울, 이교도의 사도》, 《신약학 연
구 동향》이 있다.

뵈뵈를 찾아서

수전 E. 하일렌 지음 | 이길하, 이현주 옮김 | 정동현 감수

2024년 10월 1일 초판 1쇄 발행
2024년 12월 2일 초판 2쇄 발행

펴낸이 김도완
등록 제2021-000048호
　　　(2017년 2월 1일)
전화 02-929-1732
전자우편 viator@homoviator.co.kr

펴낸곳 비아토르
주소 서울시 종로구 삼일대로 428, 500-26호
　　　(우편번호 03140)
팩스 02-928-4229

편집 정효진
제작 제이오

디자인 김진성
인쇄 (주)민언프린팅
　　　　　　　　　　　　　　제본 다온바인텍

ISBN 979-11-94216-02-5 03230
저작권자 ⓒ 비아토르, 2024